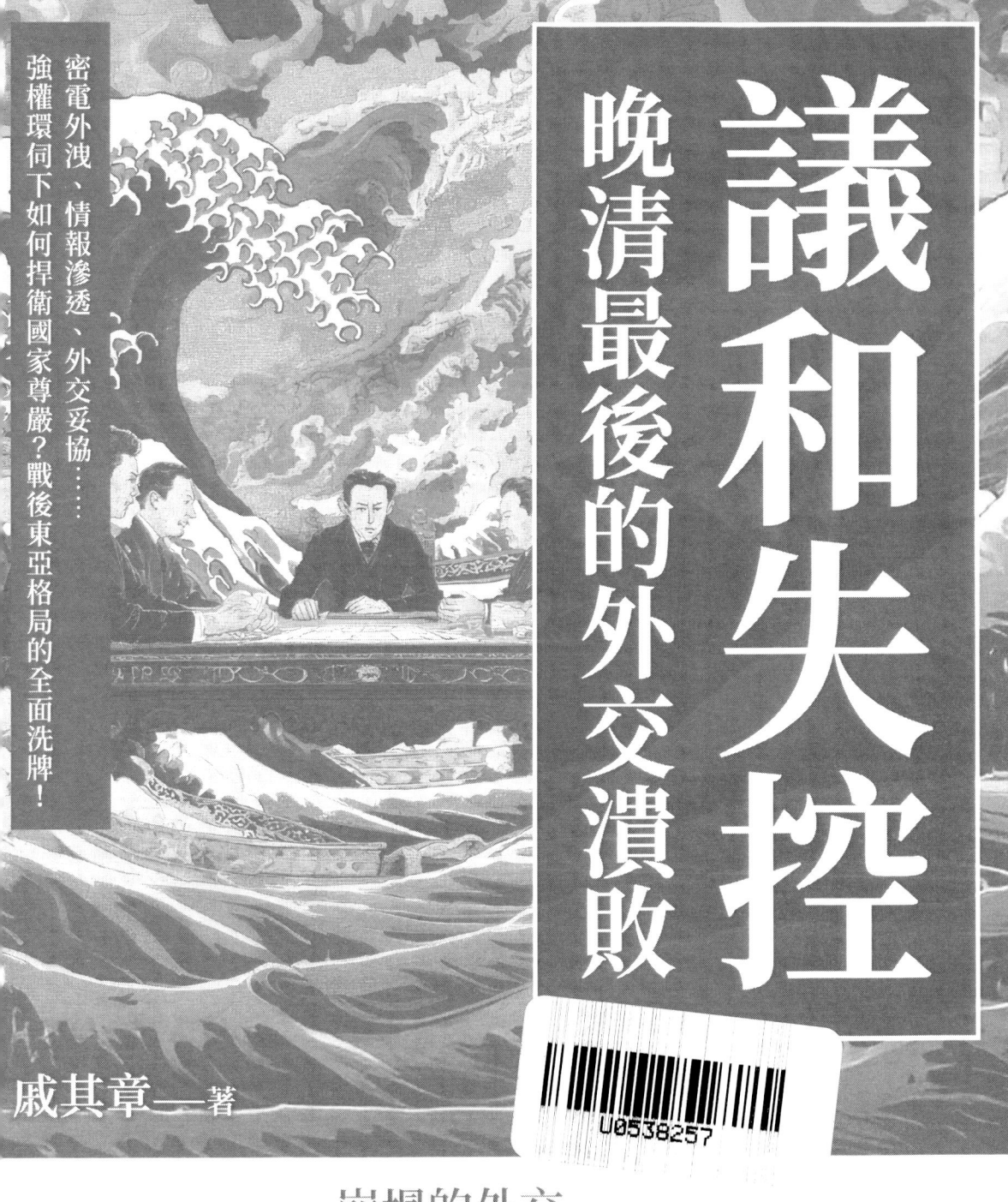

議和失控
晚清最後的外交潰敗

密電外洩、情報滲透、外交妥協⋯⋯
強權環伺下如何捍衛國家尊嚴？戰後東亞格局的全面洗牌！

戚其章——著

崩塌的外交——
從馬關到還遼，內部腐敗與國權喪失的內外夾擊！

清廷決策失誤、列強操弄圖謀⋯⋯晚清如何在列強與日本之間夾縫求存？

目錄

出版說明 ………………………………………………… 005

引言 ……………………………………………………… 007

第四章　清政府加緊乞和與美國居間 ………………… 017

第五章　馬關議和前後的國際關係 …………………… 093

目錄

出版說明

甲午戰爭是中國近代史上的重大事件，出版社隆重推出甲午戰爭研究專家戚其章先生的「甲午戰爭與近代中國叢書」，包括《甲午戰爭》、《大清最後的希望 —— 北洋艦隊》、《斷潮，晚清海軍紀事》、《殘帆，北洋海軍的覆滅》、《甲午破局，清帝國撕裂的外交關係》、《議和失控，晚清最後的外交潰敗》、《國際法視角下的甲午戰爭》、《太陽旗密令，決定甲午結局的情報戰》等 8 冊。

《甲午戰爭》從戰爭緣起、豐島疑雲、平壤之役、黃海鏖兵、遼東烽火、艦隊覆沒、馬關議和、臺海風雲等關鍵事件入手，以辯證的目光敘述關鍵問題和歷史人物，解開了諸多歷史的謎題。

《大清最後的希望 —— 北洋艦隊》主要講述了北洋艦隊從建立到覆沒的全過程，以客觀的辯證的歷史角度，展現了丁汝昌、劉步蟾、林泰曾、楊用霖、鄧世昌等愛國將領的形象，表現了北洋艦隊抗擊日軍侵略的英勇頑強的愛國主義精神。

《斷潮，晚清海軍紀事》、《殘帆，北洋海軍的覆滅》細緻地敘述了晚清時期清政府創辦海軍的歷程，從策略角度分析了北洋海軍失敗的原因，現在看來仍然振聾發聵。

《甲午破局，清帝國撕裂的外交關係》、《議和失控，晚清最後的外交潰敗》從國際關係的角度，論述了清政府的乞和心態和列強的「調停」過程，突出表現了清政府的腐敗無能和列強蠻橫貪婪的真實面目，指出

出版說明

列強所謂的「調停」只是為了本國利益，並非為了和平，清政府的乞和行為是注定不會成功的。

《國際法視角下的甲午戰爭》結合法理研究與歷史考究，把爭論百年的甲午戰爭責任問題放在國際法的平臺上，進行全面、系統、客觀、公正的整理與評論，是一部具有歷史責任感和國際法學術觀的著作。

《太陽旗密令，決定甲午結局的情報戰》揭露和分析日本間諜在甲午戰前及戰爭中的活動，證明這場侵略戰爭對百姓造成了嚴重傷害，完全是非正義的，因此對這場侵略戰爭中的日本間諜，應該予以嚴正的批判和譴責。

甲午戰爭是一本沉甸甸的歷史教科書，讓我們在深刻的反思中始終保持清醒，凝聚信心和力量，肩負起時代賦予的光榮使命。

引言

近年來，中國史學界對甲午戰爭史研究日趨重視，無論在深度上還是廣度上都前進了一大步。尤其是透過1984年在威海市舉行的甲午戰爭90週年學術討論會，與會者們普遍意識到甲午戰爭史的研究應該拓寬領域，即從更廣闊的社會背景，從世界全局來進行研究，庶幾可進一步探討其對中國乃至遠東的深遠影響及歷史意義。對此，我也是頗有同感的。

1983年，我開始構思《甲午戰爭史》一書的內容和篇章結構時，曾決定將有關甲午戰爭國際關係的章節穿插其中。但書稿全部完成後，因受篇幅的限制，又不得不忍痛將這些章節抽掉。一些同行好友，如中國社會近代史研究員、歷史教授等，都鼓勵我在原來的基礎上另外寫成一部系統性論述甲午戰爭國際關係的專著。我也一直為寫作此書進行積極的準備，這個主題也受到各方的關注。

對於甲午戰爭時期的國際關係，以往的研究者很少涉足，系統研究的成果更付之闕如。此項專題研究須獨闢蹊徑，有一定的難度。尤其是由於始終未見到英國外交部的相關檔案，更為圓滿完成此項研究帶來了一定的困難。1991年春，我應英國學術院的邀請，到英國進行學術交流訪問。經英方主人安排，曾與倫敦政治經濟學院的尼什教授（Ian Nish）晤面。尼什教授是英國著名的國際關係史專家，以發表《英日同盟》(The Anglo-Japanese Alliance) 一書而聞名。我早就仰慕其人，對這次會

引言

見深感榮幸。他為人熱情，盡力介紹相關檔案及資料，並不顧高齡親自帶領參觀該學院的圖書館。最使我振奮的是，尼什教授向我展示了他所珍藏的多卷本《英國外交檔案》(*British Documents on Foreign Affairs*)。其中有兩卷，一卷題目《中日戰爭》(*Sino-Japanese War,* 1894)，一卷題目《中日戰爭和三國干涉》(*Sino-Japanese War and Triple Intervention,* 1894～1895)，都是英國外交部關於中日甲午戰爭的重要檔案，有許多文件上注有「密」、「機密」或「絕密」等字樣。乍見之下，欣喜異常，真有「踏破鐵鞋無覓處，得來全不費功夫」之感！當時認為這既是經過整理後的印刷品，一定是不難找到的，便帶著高興的心情記下書名而告別。

不料此書在英國也很罕見。之後我又訪問了英國的幾所著名大學，皆未發現此書，這才開始焦急。後悔當時出於禮貌，不好意思向尼什教授提出複印那兩卷有關甲午戰爭的檔案。到牛津大學訪問時，接待我的是蘿拉‧紐璧博士(Dr. Laura Newby)。她待人非常真誠，樂於助人，聽說我為此事遇到困難，主動提出幫我解決。我回到倫敦五天後，便接到她打來的電話，說尼什教授同意複印那兩卷關於中日甲午戰爭的檔案資料。於是，我又託在尼什教授指導下攻讀國際關係史博士學位的留學生代為複印。她每天課程很滿，只能在晚上抽時間複印，並在我回國的前一天晚上，及時地搭地鐵到我的住處，送來複印好的資料。真是令人感動！帶回來的這套重要的檔案資料，是這次訪英的一個重大收穫。

由於這些資料數量很多，而且又是利用晚上時間複印的，難免有不少字跡不清或漏印字行的紙頁，影響了其使用價值。我在倫敦時，曾訪問過倫敦大學亞非研究院，結識了狄德滿博士(Dr. R. G. Tiedemann)。

狄德滿博士是專治中國近代史的，談話投契。1991年夏，他來山東訪問時，冒著酷暑到我家裡相敘。我請他幫助複印該資料的缺漏部分，他慨然允諾，兩次無償地寄來所複印的資料，終使這套檔案可以完整地使用了。今書稿即將付梓之際，我在這裡特地向他們幾位表示衷心的感謝。

這本書可以看成是拙著《甲午戰爭史》的姊妹篇，或者說是對《甲午戰爭史》的補苴之作。二書既自成體系、各有重點，又相互補充。為使其內容不相重複，在撰寫時採取了詳略互見的辦法。例如，對於中日廣島會議和馬關議和，讀者便可看到，無論在內容上還是論述的角度上，二書都是迥然不同的。我的基本想法是，透過並讀二書，可以對這次戰爭有更廣泛而深入的了解。

本書所要論述的內容，有許多對我來說也是新的研究課題。詳細地掌握資料，是歷史研究的起點和基礎。也只有一切從客觀的歷史事實出發，才有可能得出合乎歷史實際的結論。我把盡可能地詳細實際擁有資料看成是完成此項課題的關鍵。本書所用的資料主要是中外的外交檔案。如中國方面的《清光緒朝中日交涉史料》和總理衙門《朝鮮檔》、日本方面的《日本外交文書》第27、28卷，就是最基本的資料。至於西方國家的檔案資料，如俄、德、美等國的相關外交檔案早有翻譯，如今又發現上述的英國外交部檔案，都是必不可少的。中外使館及公使，因係事件的當事者，其所輯存的電文或對親身經歷的記述，也都有很高的史料價值。如清朝駐英法公使館抄存的《龔照瑗往來官電》、美國駐華公使館抄錄的《美署中日議和往來轉電節略》、英國駐華公使館輯存的《歐格訥外交報告》，以及法國駐華公使施阿蘭（Auguste Gerard）的回憶錄《使華記》和日本駐朝鮮臨時代理公使杉村濬所撰的《二十七八年在韓苦心

引言

錄》等即是。一些私人的文集或記述，如李鴻章的《李文忠公全集》、伊藤博文的《機密日清戰爭》、陸奧宗光的《蹇蹇錄》等，由於其著者位居於決策地位，更應著重關注。通常來說，掌握上述幾個方面的資料，就不至於興史料不足徵之嘆了。

在研究方法上，我試圖努力做到以下三點：

首先，力求避免先入之見，防止主觀性。我認為，有一些傳統的觀點需要重新研究和認知。例如，有一種流行的觀點，認為英國在甲午戰爭中是完全支持日本的。其實並不盡然。深入考察英國外交部的檔案文件，便不難發現英國並不是一開始就支持日本，它轉為傾向日本，是有一個發展過程的。否則，它在戰爭爆發前所採取的勸說日本避免與中國衝突、倡議五強聯合調停、建議中日在朝劃區占領等行動，就很難有合理的解釋。日本政府在一段時間裡懷疑「中英同盟」的存在；英國駐朝鮮代理總領事嘉託瑪（Walter Caine Hillier）建議設立仁川中立區，並直接和日本駐軍崗哨發生衝突；直到西元 1895 年 1 月英國駐華公使歐格訥（Nicholas O'Conor）還認為，英中兩國的利益一致，試圖說服英國外交大臣金伯利（Kimberley）採取明確的支持中國的政策。如此等等，都說明了英國並不是那麼完全支持日本的。

英國政府遠東政策的核心，是維護英國在遠東的既得利益和優勢地位，盡一切努力防止俄國施行南下的擴張政策。無論它起初反對日本挑起侵華戰爭也好，之後又支持日本提出的媾和條件也好，都不違背其遠東政策的核心。戰爭爆發前夕，英國提出在上海設立中立區，固然有默許日本發動戰爭的一面，但客觀上也有對中國有利的一面。無怪乎日本政府曾為此與英國抗爭並進行多次交涉。後來，俄、德、法三國聯合干

涉日本割占遼東半島時，英國既不參加三國的共同行動，又以「局外中立」為名拒絕支持日本。這些足以說明英國政府首先考慮的是自身的利益，而對日本的態度的任何變化則都是出於策略和戰略的需求。

其次，力求堅持全面的觀點，避免把問題簡單化。例如，史學界曾就甲午戰爭期間俄國的對日政策問題展開討論。一種意見認為，俄國對日本是利用、支持和縱容。另一種意見與此相反，認為俄國對日本採取的是抵制、反對乃至干涉的政策。還有一種意見則認為，俄國對日本既有利用、支持的一面，也有衝突以至干涉的一面。這些見解無疑都有一定的依據，可謂言之成理、持之有故。但簡單的結論往往不足以概括複雜的過程。如果研究者的結論僅是從過程的某個階段引出來的，反映的只是整個事物的某個部分或片段，那就把問題簡單化了。

事實上，俄國並不是一開始就有一套成熟的對日方針。在俄國政府內部，對於採取何種對日方針的問題，在很長時間內意見並不一致。其駐外使節，如駐華公使喀西尼（Arthur Cassini）主張干涉日本；駐朝臨時代理公使韋貝（C. Waeber）是個牆頭草，暗地唆使日本開戰；駐日公使希特羅渥（H. E. M. Hitrovo）則對日本非常輕信，往往成了日本政府的傳聲筒。其前任外交大臣吉爾斯（Nikolay Karlovich Giers），先是主張干涉，後又採取觀望政策；繼任外交大臣羅拔諾夫（Aleksey Lobanov-Rostovsky）甚至一度想討好日本，建議實行親日的方針。至於其他政府文武重臣，或主張宜與日本和解，或主張應採取強硬方式，甚至不怕由此而引起戰爭，意見極為紛紜。直到《馬關條約》簽訂的幾天前，俄國政府特別會議才就要求日本放棄占領遼東半島問題作出了決定。所以，籠統地說俄國支持或反對日本，都是不適當的。

引言

　　豈止俄國是如此，德國政府對日本的態度也是前後變化很大。西元1894年冬，德皇威廉二世（Wilhelm II）在柏林皇家劇院觀劇，知中國公使許景澄不在場，便特地召見日本公使青木周藏，為日本鼓勁打氣。可是，到了1895年春，它反對日本割占遼東半島卻最為起勁。如果沒有它的參與，三國干涉還遼很可能失敗。在整個甲午戰爭期間，英國政府的態度變化更大，其例不勝枚舉。甚至對日本也應如是觀。所謂「陸奧外交」，通常認為是日本明治政府推行對外侵略擴張的外交政策成功的典範。對中國來說，固是如此。但對西方列強來說，卻不盡然。如它對俄國反對割占遼東半島的決心猜測不足，反三國干涉的一系列外交措施一一宣告失敗等，都說明它是有失算並遭到挫折的一面的。

　　我認為，對於包括日本在內的各國，只有用全面的觀點來進行研究，將它們分別置於整個事件的發展過程中來考察，才有可能抓住每個國家對外政策的基本特點，從而防止簡單化的傾向。

　　再者，力求透過紛紜繁複的表面現象去發現本質的東西，以避免被某些假象所迷惑。例如前幾年，有的研究者撰文，認為甲午戰爭時期不存在和戰之爭。當時，我曾在一篇述評[001]中指出，在甲午戰爭中，慈禧雖曾「傳懿旨亦主戰」，並「諭不准有示弱語」云云，其實是做樣子的，不能以此就否定她的主和；同樣，李鴻章身為海陸軍的實際指揮者，在調兵遣將、部署進兵等方面也作了不少工作，也不能以此就讚賞他積極地指揮全面對日作戰。就是說，對於歷史人物的評價，不僅要聽言而觀其行，還要察其始而究其終。現在，從《日本外交文書》裡找到了甲午戰爭爆發前後李鴻章與日本進行祕密外交的資料，進一步證實了他的

---

[001]　〈建國以來中日甲午戰爭研究述評〉，《近代史研究》1984年第4期。

調兵遣將和部署進兵並非出自本意,他始終念念不忘的還是一個「和」字。怎好硬幫他摘下「主和派」的帽子呢?

　　上述事例表明,「透過現象看本質」這句話,說起來容易,做起來就不那麼容易了。要真正抓住問題的核心,不僅需要運用正確的方法去分析研究,還需要有確鑿的資料加以證明。否則,所得出的結論就不會有說服力,更談不上真正站得住腳。一個是方法、一個是資料,二者絕不可偏廢。基本上,資料是最主要的,是第一性的東西。研究者從辨析資料入手,然後綜合資料,從中引出觀點,又必須反過來用資料證明或驗證所提出的觀點。我在寫作此書時,固然要寫那些人所共知的公開外交場合,又用了非常多的篇幅去寫那些祕密接觸或內幕的東西。之所以能夠這樣做,主要是得益於大量新資料的挖掘和掌握。譬如說,日本擊沉英國商船「高陞」號後,英國輿論由譁然轉為平靜,甚至開始為日本辯護,誰能想到是日本的金錢賄賂發揮了不小的作用?在戰爭過程中,日本對歐洲列強的動向瞭如指掌,誰能想到是義大利外交大臣布朗克(Francesco Crispi)經常向日本提供情報?前美國國務卿科士達(John W. Foster)本是清政府花重金禮聘的顧問,誰能想到卻為日本所用?諸如此類的外交內幕或政界人物的隱私,往往反映出事件內在的一面,使人們對問題更能夠切實地掌握並有更深的了解。要做到這一點,不深入挖掘關鍵的第一手資料是不行的。

　　以上所談的三種方法,儘管都是老生常談,但根據個人的體會,仍然是研究中不可須臾離開的基本方法。當然,我運用這些方法是否達到了預期的效果,那又是另一回事。這只有請讀者去評判了。

　　國際關係與外交是互為表裡的,而外交又是內政的延伸。中國在甲

引言

午戰爭中最後失敗的結局,依我看來,不能單純地歸結為軍事上的失利,而更主要的是包括外交在內的政治方面的原因促成的。清政府的最高決策層,無論是帝黨還是后黨,都對世界大勢不甚了解。他們絲毫不知道發揮中國自身的力量和有利條件,陷入困境而不思自拔,對前途完全喪失信心,一味地乞求西方列強出面幫助解決。豈不知越是這樣,越被人家瞧不起。戰爭後期歐洲輿論幾乎清一色地倒向日本,中國駐英公使龔照瑗奉旨要求覲見英國女王呈遞國電而遭到拒絕,皆其顯例。在清朝高層官員中,通常認為李鴻章最了解外國情況。而他去日本馬關議和,竟然還帶著戰前中國駐日公使汪鳳藻所使用的電報密碼。這套密碼早在戰爭爆發前夕就被日本外務省破譯了。因此,李鴻章在馬關與清政府往返密電的內容早已全部為日方所掌握,怎能不處處被動呢?在駐外使節的設立方面,清政府也非常不重視。如龔照瑗任駐英公使,又兼任駐法、義(大利)、比(利時)三國公使;許景澄任駐俄公使,又兼任德、荷(蘭)、奧(斯馬加)三國公使;楊儒任駐美公使,又兼任駐西(班牙)、秘(魯)二國公使。在戰爭及馬關議和期間,龔照瑗奔走於英、法、義三國之間,與駐在國外交當局周旋,以爭取各國的同情,真可謂席不暇暖。然而,當他剛一離開,日本公使便立即乘隙而入,進行離間破壞,使其前功盡棄。

可見,當時中國的落後表現是多方面的。在那個世界競爭十分激烈的時代,落後必然要走向沉淪。這一沉痛的歷史教訓,是應該永遠記取的。

六年前,我寫過一篇〈研究中日甲午戰爭史的體會〉。在該文的結尾處,曾經建議開闢新的研究領域,並指出:「甲午戰爭雖是中日兩國之

間的戰爭，但西方主要列強幾乎都介入了這次戰爭，它們為了各自的利益，施展外交手段，縱橫捭闔，以趁機撈取一把，若沒有它們的默許和鼓勵，日本根本不敢放心大膽地發動這場大規模侵略戰爭。不重視甲午戰爭時期國際關係的研究是絕對不行的。」[002] 本書就是根據這一想法而獲得的一個初步成果。這也是一次嘗試，作為拋磚引玉，希望今後有更多的關於甲午戰爭國際關係史的研究成果問世。

[002] 《習史啟示錄─專家談如何學習中國近代史》，第 184 頁。

引言

第四章
清政府加緊乞和與美國居間

第四章　清政府加緊乞和與美國居間

第一節　和議的初步醞釀

一　李鴻章獲譴和帝黨「易帥」受阻

平壤之戰後，清廷內部在和戰問題上的分歧逐漸表面化了。這個分歧，首先表現為帝黨處分和罷黜李鴻章的鬥爭。

9月17日，平壤敗績的電訊傳來，在樞府諸臣之間又引起了一場爭議。李鴻藻指責李鴻章「有心貽誤」。張之萬、孫毓汶、徐用儀等皆持不同意見。翁同龢則支持李鴻藻，謂其言乃是「正論」，李鴻章「事事落後，不得謂非貽誤」。[003] 最後，定議以李鴻章「統籌全局，是其專責，乃未能迅赴戎機，以致日久無功，殊負朝廷委任之意」，擬定兩層：一、「拔去三眼花翎，褫去黃馬褂」；二、「交部嚴加議處」。[004] 當即草擬明發諭令二道，請光緒帝擇定一道發下。當天12點1刻，軍機處將奏片遞上。到1點半即發下對李鴻章的處分，用拔去三眼花翎、褫黃馬褂一道。光緒帝不請示慈禧太后便匆匆降旨，可見對李鴻章憤恨之深了。

8月19日，李鴻章奏陳軍情，謂「仰荷聖慈，不加重譴，僅予薄責，策勵將來，感激涕零，罔知所報」，但對平壤之敗多所辯護：「此次平壤各軍，倭以數倍之眾，布滿前後，分道猛撲，遂至不支，固由眾寡之不敵，亦由器械之相懸，並非戰陣之不力也。」並建議說：「故就目前事務而論，唯有嚴防渤海，以固京畿之藩籬；力保瀋陽，以固東省之根

---

[003]　《翁文恭公日記》，甲午八月十八日。
[004]　《清光緒帝朝中日交涉史料》(1598)，第20卷，第3頁。

第一節 和議的初步醞釀

本。然後厚集兵力,再圖大舉,以為規復朝鮮之地。奉天地廣兵單,與臣相距過遠,且為將軍及練兵大臣駐紮之所,一切排程未便遙制,應請特簡重臣督辦,以便調遣而專責成。」[005] 對此,帝黨成員用「因循貽誤於前,諉卸於後」[006] 二語以評之。在他們看來,只要仍然專恃李鴻章,則敗局勢難挽回。文廷式指責李鴻章:「袒護劣員,貽誤軍事,罪無可辭。朝廷僅予薄懲,尤未足盡其欺飾之咎!」並指出:「今日之失機,實出於籌劃之疏謬,萬萬無辭者也。此時若仍恃該大臣一人排程,必至僨患棄師,不可收拾。」[007] 其意至為明顯,就是要改組軍事領導機構,不能由李鴻章把持戰爭指揮權。9月20日,給事中洪良品奏請:「朝廷再簡一知兵大員為之統帥,以免遙制而一事權;令李鴻章為之接應糧餉器械等類,功罪同之。」同日,在樞府會議上,慶親王奕劻自請赴九連城督師,並特地提出要以承恩公桂祥(慈禧的弟弟)為副帥。顯然,這是為了堵住帝黨的嘴。但是,慈禧自有打算,對李鴻章則溫言撫慰,說他「辦理軍務為難情節,早在深宮洞鑑之中」,表示對軍事上的失挫予以諒解。不僅如此,慈禧還駁回另派奉天督兵大臣的意見,僅派四川提督宋慶為幫辦大臣,仍令李鴻章「統籌兼顧,不得稍有諉卸」。[008] 帝黨「易帥」的活動受到不可抗拒的阻力,所以翁同龢寫信給張謇說:「將不易,帥不易,何論其他?此天也!」[009] 充分表露他的無可奈何之情。此時,慈禧已下決心推行她的議和方針,還要倚重李鴻章,當然不會因指揮戰爭不得力而罷黜他的。

---

[005] 《李文忠公全集》奏稿,第78卷,第61～62頁。
[006] 《緣督廬日記鈔》,甲午八月二十四日。
[007] 《清光緒帝朝中日交涉史料》(1608),第20卷,第14頁。
[008] 《清光緒帝朝中日交涉史料》(1614、1635),第20卷,第17、27頁。
[009] 《中日戰爭》(四),第574頁。

第四章　清政府加緊乞和與美國居間

二　慈禧探詢和議與帝黨對策

　　戰爭爆發後，李鴻章多次乞請列強干涉而貽誤軍機，但仍未認真吸取教訓，他和俄國公使喀西尼的聯絡始終未斷。8月13日，他致電總理衙門，報告喀西尼派參贊巴福祿晤談一事。李鴻章稱：「看來俄似有動兵逐倭之意。該使謂，如何辦法，該國尚未明諭，而大要必不出此。」[010]聯俄之議遭到翁同龢等的反對，「力言俄不能拒，亦不可聯，總以我兵能勝倭為主，勿盼外援而疏本務」[011]。因此被駁回。慈禧和李鴻章一樣，都有聯俄的幻想，故此電正投合她的心意。不過，在主戰輿論高漲的情況下，她不便出來明確表態。儘管如此，此電後來卻成為她探詢和議的張本。

　　當時此事雖然非常機密，難免外間無有所聞。李鴻章此電發出的第五天，江南道監察御史鍾德祥即奏稱：「密託外人先授以和意，抑其何策也？自古至今，以和敵取侮而不誤國，臣未之聞也。」並請光緒帝「獨斷，不宜再誤而自我託人調處」。[012]此「獨斷」所指為何？其弦外之音，是不言而喻的。還有些言官極陳和議之害。如福建道監察御史安維峻說：「夷情變詐，毫無信義，得步進步，難滿欲壑……萬萬不可和。和者，自損其威而示人以弱也。」[013]江南道監察御史張仲炘說得更為痛切透澈：「急與言和，必賠兵費，則與其以鉅款填彼欲壑，何若以之充餉，待其力竭請成索餉於彼，且絕後患之為得耶？臣所慮者：一兩月後，我軍或勝或敗，他國又復出為調停，當事諸臣亦求事之速了。苟安目前一

---

[010]　《李鴻章全集》（二），電稿（二），第880頁。
[011]　《翁文恭公日記》，甲午七月十六日。
[012]　《清光緒帝朝中日交涉史料》（1404），第17卷，第2頁。
[013]　《清光緒帝朝中日交涉史料》（1496），第18卷，第18頁，附件一。

第一節　和議的初步醞釀

時，雖覺無傷，而積弱恐將不振。且今日之戰事，實中國一大轉機。我能制倭，則各國之待時觀釁者，尚可稍戢其強暴之心；否則，一經示弱，則攘袂而起者，更不知其幾何！今日圖東陲，明日攻西藏，遼瀋、臺、瓊等處在在可虞。雖有善者，亦不能為謀已！」[014]他的這些話，不幸都言中了。還有些主戰派官員直接抨擊李鴻章。如侍讀學士文廷式指責他「本心都無戰志」。給事中余聯沅揭發他對「言戰者輒加斥責，而又聽信二三僉邪不可輕戰之言，他國洋人又從而恫嚇之、隱持之，該督挾有欲和之意」、「一味優媚，損國威而懈士心」。[015]

不僅如此，有些統兵大帥和封疆大員也發出了反對和議的呼籲。9月18日，即平壤之戰的第四天，黑龍江將軍依克唐阿即奏陳「和害戰利」，指出：「若當軸諸臣、前敵各將仍存一主和意見，則敵先有入寇之舉，而我尚無禦侮之方，縱敵貽患，莫此為甚！從來中原誤事，失在一和，可為殷鑑。當此倭奴逆命之秋，主戰者固多，恐有仍挾各國勸令和平之議，援行上年越南故事，搖動聖心者。深為朝廷慮之。」[016]其言雖非常婉轉，然所指甚明。他還向朝廷提出「暗出奇兵進剿」之計，認為大軍並集九連城待敵來攻為失計，最佳之策為主動進攻，將陸軍分為三支：第一支，除所統3,000人外，速募吉林山中獵戶，共足萬人之數，由吉林煙岡集穿山進入朝鮮咸鏡道，「相機暗進，以攻敵之所必救」、「以聲東擊西之計」，以吸引平壤之敵；第二支，平壤撤回各軍，俟平壤敵軍「抽向東北以拒我軍」時，「即可乘勢進剿」；第三支，奉天各軍及盛、吉、齊三練兵近萬人，則由奉天帽兒山（今吉林臨江市）而進。此時，

---

[014]　《清光緒帝朝中日交涉史料》（1413），第17卷，第16頁。
[015]　《清光緒帝朝中日交涉史料》（1467、1468），第18卷，第5、7頁。
[016]　《清光緒帝朝中日交涉史料》（1661），第20卷，第37頁，附件一。

第四章　清政府加緊乞和與美國居間

第一支軍由朝鮮東北繼進,以「首尾環攻漢城」[017]。依克唐阿的建議雖不一定能取得完全成功,但起碼可打亂日軍的部署,但清廷對依克唐阿的方策竟以「緩不濟急」[018]而予以輕率否定。從表面上看,似乎清廷始終不肯放棄一味死守的消極防禦方針,實則裡面是另有文章的。

尤值得注意的是,9月13日兩江總督劉坤一所奉「中倭既經開釁請勿輕與議和」一折,上奏的當天,即被清廷駁回。劉坤一在折中稱:「征剿之師萬不可因此中止,各國既不能禁倭人首開兵端,今亦何能強我以遽罷戰事?倭距我與朝鮮最近,而情同無賴,未可以信義期之,若不予以重懲,更正前約,則倭人動輒藉端肆擾,而我奔命不遑,西洋各國亦笑我為無人,以我為易與矣。議者以中倭終歸於和,然議和不得要領,將來流弊無窮。此次中國徵兵數萬,糜餉數百萬,原為一勞永逸之計,若復稍涉遷就,實無以絕後患。」[019]此奏所稱「議和不得要領,將來流弊無窮」等語,本是非常有道理的。清廷於當天寄劉坤一諭旨卻置此於不顧,抓住其折中某些輕率不當的言辭大加批駁,並極力鋪敘日軍力量之強,其中有云:「現在情勢迥不相同:連日據李鴻章電奏,我軍自平壤敗衄,葉志超等軍均退至義州一帶。倭人以傾國之兵,水陸並舉,眾至三四萬,時連數晝夜,更番惡戰,我軍傷亡甚多。目下東邊戒嚴,大局岌岌可慮。是倭兵之未可輕視,已堪概見。」[020]語氣之中已自認輸,對摺中「勿輕與議和」的主旨避而不答,而且駁回如此之速,看來清廷最高領導層已有定見。這種微妙的變化,預告著慈禧太后要開始出面「作

---

[017]　《清光緒帝朝中日交涉史料》(1661),第20卷,第38～39頁,附件一。
[018]　《清光緒帝朝中日交涉史料》(1670),第20卷,第42頁。
[019]　《清光緒帝朝中日交涉史料》(1651),第20卷,第33～34頁。
[020]　《清光緒帝朝中日交涉史料》(1652),第20卷,第34頁。

第一節　和議的初步醞釀

一半主張」[021]了。

果然，9月27日，慈禧便提出派翁同龢到天津，探詢李鴻章能否設法請求俄國調停。對此，翁同龢表示不同意見：「此舉有不可者五，最甚者，俄若索償，將何畀之？且臣於此等始未與聞，乞別遣。」再三叩頭辭謝。最後，慈禧又轉變話鋒說：「吾非欲議和也，欲暫緩兵耳。汝既不肯傳此語，則往宣旨，責李某何以貽誤至此！朝廷不治以罪，此後作何收束？且敗衄者，淮軍也，李某能置不問乎？」翁同龢始答：「若然，敢不承。」慈禧見翁同龢答應去天津，便又說：「頃所言，作為汝意，從容詢之。」她既想達到探詢和議的目的，又無須擔和議誤國的罵名。翁同龢更怕無端留下罵名，便提出：「此節只有李某複詞，臣為轉述，不加論斷。臣為天子近臣，不敢以和局為舉世唾罵也。」慈禧諭其次日即行，「往返不得過七日」[022]，可見她求和的心情是多麼迫切！

9月30日，翁同龢到天津直隸總督衙門見李鴻章。他先傳慈禧、光緒帝上諭慰勉，隨即嚴責之。李鴻章惶恐自責說：「『緩不濟急，寡不敵眾』，此八字無可辭。」翁同龢說：「陪都重地，陵寢所在，設有震驚，奈何？」李鴻章答稱：「奉天兵實不足恃，又鞭長莫及，此事實無把握。」適在此時，由北京寄來一道廷寄，諭示李鴻章及翁同龢。蓋慈禧怕翁同龢不談聯俄的事，故有此廷寄也。廷寄略云：「聞喀使西尼三四日到津，李某如與晤面，可將詳細情形告翁某，回京復奏。」於是，翁同龢對李鴻章說：「出京時，曾奉慈諭，現在斷不講和，亦無可講和。喀使既有前說，亦不決絕。今不必顧忌，據實回奏。」會說不如會聽，李鴻章聆

---

[021]　《翁文恭公日記》，乙未正月十八日。
[022]　《翁文恭公日記》，甲午八月二十八日。

第四章　清政府加緊乞和與美國居間

聽之下,早已體會到慈禧的真意。他的女婿張佩綸便於次日在日記中寫道:「聞翁叔平(同龢)來津,有責備合肥語,並微露主和之意。」[023] 李鴻章既知慈禧出面主和,正合乎自己的心意,便將俄國參贊巴福祿的話相告:「喀使以病未來,其國參贊巴維福[024]先來云:『俄廷深忌倭占朝鮮,中國若守十二年所議之約[025],俄亦不改前意。』第聞中國議論參差,故竟中止。若能發一專使與商,則中俄之交固,必出為講說。」又說:「喀與外部侍郎不協,故喀無權。」翁同龢說:「回京必照此復奏。余未到譯署,且此事未知利害所在,故不加論斷。且連俄而英起,奈何?」李鴻章保證說:「無慮也,必能保俄不占東三省。」10月4日,翁同龢回京覆命,慈禧立即召見。翁同龢力言:「喀事恐不足恃,以後由北洋奏辦,臣不與聞。」[026] 慈禧傾向和議,殷切期望俄國出來主持,自是一廂情願;而李鴻章所謂「必能保俄不占東三省」,更屬自欺欺人之談。至於翁同龢,雖然反對和議,也不同意聯俄,卻又拿不出什麼好的辦法,只好表示「臣不與聞」,以免「為舉世唾罵」了。

先是9月28日,即翁同龢離京的當天,帝黨成員即在議論此事。當日,張謇在日記中寫道:「聞常熟(翁同龢)奉懿旨至津詰問,而言者以為議和,頗咎常熟。且有常熟頗受懿旨申飭主戰之說。其實,中國何嘗有必戰之布置耶?常熟處此固不易,要亦剛斷不足。」[027] 對於后黨的

---

[023]　張佩綸:《澗於日記》,甲午九月初三日。
[024]　巴維福(Aleksandr Tranovich Pavlov),又譯作「巴福祿」或「巴布羅福」。
[025]　指西元1886年10月李鴻章與俄國臨時代理公使拉德仁所達成的三條協定:一、不改變朝鮮現狀;二、俄國保證不占朝鮮土地;三、日後發生與朝鮮大有關係之事,由中俄共同商定辦法。後來,清廷因恐受俄國束縛,未互換約文。但拉德仁向李鴻章表示:即使不互換約文,俄亦不改變原來主意,決不占朝鮮土地。
[026]　《翁文恭公日記》,甲午九月初六日。
[027]　《張謇日記》,甲午八月二十九日。

第一節　和議的初步醞釀

議和活動，帝黨採取了兩條對策：

第一條對策，是請恭親王奕訢出山。在帝黨看來，任用奕訢是挽救時局的重要措施。早在8月3日，戶部右侍郎長麟即奏請任用奕訢，以「原折留中」[028]而無結果。平壤之戰後，帝黨要求任用奕訢之心更切。侍講學士陸寶忠記其事云：「中秋後，警報迭來，予與埜秋（張百熙）入直後，互論國事，以為欲挽艱危，非亟召親賢不可，顧以資淺言微，恐不足以動聽，躊躇數日。8月27日，至萬善側直廬，與曾竹銘同年、埜秋往復相酌，謀請李若農前輩文田。若老忠義奮發，願不避嚴譴責，聯銜入告。即與同志諸人到若老宅，由伊定稿，即日繕發寫，傍晚封口，明晨呈遞。列名者為李文田、陸寶忠、張百熙、張仁黼、曹洪勳、高慶思。28日入直，寶忠獨蒙召對，所宣示者不敢縷記。臨出，上謂：『吾今日掬心告汝，汝其好為之。』」[029]9月27日（農曆八月二十八日），翁同龢在日記中也記有「李文田等連銜請飭恭親王銷假折」一事。同日，當慈禧提出探詢聯俄之議後，翁同龢和李鴻藻皆「合詞籲請派恭王差使」。但是，當時在場的慈禧不明確表態，光緒帝也不敢表示同意，僅作「執意不回，雖不甚怒，而詞氣決絕。凡數十言，皆如水沃石」[030]。值得注意的是：光緒帝在諸臣見起後又單獨召見陸寶忠，說了些什麼心腹話？對此，編修葉昌熾記道：「伯葵（陸寶忠）前輩召對，聖意欲得外廷諸臣協力言之也。」[031]可見，光緒帝不是不同意任用奕訢，而是自己不敢做主，想以外廷諸臣奏事的方式來促使慈禧對此事點頭。

---

[028]　《翁文恭公日記》，甲午七月初三日。
[029]　《陸文慎公年譜》卷上。
[030]　《翁文恭公日記》，甲午八月二十八日。
[031]　葉昌熾：《緣督廬日記鈔》，甲午八月二十八日。

第四章　清政府加緊乞和與美國居間

　　9月29日，事情果然發生了戲劇性的變化。前一天，翰林院同人集議於浙江會館，請任用恭親王奕訢，由文廷式屬稿和領銜，列名者57人。張謇在日記中記其事云：「藝谷（文廷式）領銜合翰林院57人上請恭邸秉政奏。是日，上召恭邸。太后延見六刻之久，有會總理海軍之命。人心為之一舒。藝谷之見，上甚憂勞，且諭北洋有心誤事。」[032] 奕訢之任用，的確使帝黨大為振奮。30日，「邸鈔：懿旨起用恭邸，管理譯署、海軍、會辦軍務」[033]。10月5日，便有編修丁立鈞「領銜合翰林院35人上請罪北洋（李鴻章）公折」。張謇也於這日單銜上〈推原禍始防患將來請去北洋折〉[034]，指斥李鴻章說：「直隸總督李鴻章，自任北洋大臣以來，凡遇外人侵侮中國之事。無一不堅持和議，天下之人以是集其詬病，以為李鴻章主和誤國。而竊綜其前後心跡觀之，則二十年來壞和局者，李鴻章一人而已。」、「試問以四朝之元老，籌三省之海防，統勝兵精卒五十營，用財數千萬之多，一旦有事，曾無一端立於可戰之地，以善可和之局？稍有人心，能無痛哭。故李鴻章之罪，非特敗戰，並且敗和。」並提出：「唯無一日不存必戰之心，故無一人敢敗已和之局。」[035] 此兩句謂能戰而後能和，時人視為警句，遐邇傳誦。帝黨抨擊李鴻章主和誤國，實際上指向了探詢和議的慈禧。故以上兩折皆留中不報。帝黨認為，將恭親王奕訢請出來，便可以與傾向和議的后黨對抗，這完全是一種歷史性的誤會。奕訢於西元1884年被逐出樞府後，曾集唐詩有云：「猛拍闌干思往事，一場春夢不分明。」如果

---

[032]　《張謇日記》，甲午九月初一日。
[033]　葉昌熾：《緣督廬日記鈔》，甲午九月初二日。
[034]　《張謇日記》，甲午九月初四日。按：時間係張謇誤記。據《翁文恭公日記》，丁立鈞等公折及張謇折皆於九月七日（西曆10月5日）上奏。
[035]　黃濬：《花隨人聖盦摭憶》，第447～448頁。

第一節　和議的初步醞釀

說他當時對自己的下場還不分明的話，如今卻真正分明，就是一切依著「老佛爺」才能安居其位。因此，奕訢被任用後，不僅對奕劻等「與之委蛇」，而且還與李鴻章沆瀣一氣。[036] 這樣，主和派更多了一個當權人物。帝黨這步棋完全下錯了。

帝黨的第二條對策，是定聯絡英、德以拒日之議。10月6日，文廷式約翰林院同人赴謝公祠，商議「遞聯銜封奏，阻款議及邀英人助順」。討論中，有人因聯英之說只是總稅務司赫德個人的意見，不可深信，於是提出：「款議必當諫。英人助順之說僅有赫德一言，其枋國及議院未必允，未可遽以入告。」[037] 多數人皆主入奏，最後商定聯英、德拒日之議，由文廷式領銜並主稿。7日，此折遞上，其中力駁和議之非：「籌戰之事未可輕易，而議和之舉，則非戰勝之後尤所難言，倉促而成，必有貽無窮之患者。道路傳聞，以為有賠款割地之舉，朘生民有限之脂膏，蹙祖宗世傳之基業，度聖明在上，必不肯出此下策，以偷安一時。」還提出密連英、德二國，「資其兵費」，估計所費「大約2,000萬金上下，便可遵辦」。並認為：「與其議和而用為賠費，何如戰勝而出以犒師？得失甚明，可無疑義。」[038] 同時，侍郎志銳也上摺奏「請連英伐倭，欲以二三千萬餌之」[039]。看來，他們是相互呼應的。

帝黨反對和議，其動機無疑是好的；資助英、德伐日，也是著眼於戰，與后黨之求和迥不相同。但是，他們靠幻想來對待現實問題，是絕對行不通的。不僅如此，帝黨的密聯英、德之議反授后黨以柄，成為被

---

[036]　文廷式：〈聞塵偶記〉，《近代史資料》1981年第1期，第46、48頁。
[037]　葉昌熾：《緣督廬日記鈔》，甲午九月初八日。
[038]　《清光緒帝朝中日交涉史料》(1739)，第21卷，第24頁。
[039]　《翁文恭公日記》，甲午九月初九日。

第四章　清政府加緊乞和與美國居間

攻擊的把柄。葉昌熾記道:「聞聯英之議,巖巖者俱以為引狼入室,深閉固拒。」[040] 張謇在日記中更有詳細的記述:

十一日(公曆 10 月 9 日),聞浙人有上恭邸書,請上忍辱受和者,發端先引明與我朝事。

十二日(公曆 10 月 10 日),知昨聞果實。領銜者編修戴兆春,主稿者孫寶琦,與其事者孫寶瑄、夏敦復、夏偕復、姚詒慶、湯壽潛、陳昌紳等 14 人,皆杭、嘉、紹人。軍機徐用儀嗾之云。或謂軍機孫毓汶之子梃嗾之。[041]

張仲炘說:「外間謠言四起,僉謂款議將成。又謂軍機大臣徐用儀嗾使其同鄉聯名上書,意主求和而罷戰。傳言雖不足信,然此說一播,無不寒心。傳至軍中,豈不群焉解體?」國子監司業瑞洵也指出:「不意竟有浙江京官編修戴兆春、陳昌紳等十四人上書恭親王以和議進者。輦轂喧傳,士夫駭嘆,無不斥為謬論,詫為奇聞。當修矛偕作之時,忽建納幣請成之議,適足以助敵焰,懈軍心,損軍威,遏士氣。」[042] 雖謂「謠言」、「喧傳」,實則皆為事實。帝黨反對和議的第二條對策,不但未能奏效,反而不自覺地幫助了后黨的乞降活動。

---

[040]　葉昌熾:《緣督廬日記鈔》,甲午九月十一日。
[041]　《張謇日記》,甲午九月十一日、十二日。
[042]　《清光緒帝朝中日交涉史料》(1767、1801),第 21 卷,第 34 頁;第 22 卷,第 12 頁。

第一節 和議的初步醞釀

三 帝后衝突的激化

在整個甲午戰爭時期，帝后兩黨鬥爭的發展可以旅順口陷落作為一個重要的象徵。在此以前，帝后兩黨雖在和戰方針問題上意見不一，衝突時隱時顯，鬥爭或明或暗，但尚未達到激化的程度。旅順口陷落後，慈禧決定不顧一切地推行求和方針，便不惜公開撕破臉，向光緒帝本人實行壓服。

本來，早在9月下旬，慈禧即露出乞和之議。她當時還有顧忌，不得不向群臣剖白說：「吾非欲議和也，欲暫緩兵耳。」[043] 於是，有聯俄之議及英國再倡調停之舉。日本政府正式拒絕英國的調停建議後，清政府求和的活動仍然一直沒有停止。及至日軍突破鴨綠江清軍防線和登陸花園口，朝廷震撼，諸臣束手無策。翁同龢和李鴻藻往見恭親王奕訢，「痛哭流涕，請持危局」，把希望寄託在這位懿親元老身上。11月1日，慈禧召見親王大臣，問諸人計將安出。孫毓汶首陳請各國調處事。翁同龢表示反對，說：「此事不可成，亦不欲與，蓋將來無以為國也。」[044] 慈禧不動聲色，但心裡已有了主意。當奕劻建議令奕訢督辦軍務時，她立即允准。2日，即傳下諭旨，派奕訢督辦軍務，奕劻幫辦軍務，翁同龢、李鴻藻、榮祿、長麟會同辦理。慈禧在2個月以前讓奕訢管理總理各國事務衙門事務，如今又派其督辦軍務，是要加強戰爭的領導嗎？剛好相反，這剛好是她推行求和方針的一個關鍵步驟。因為她已經看準了必須內依奕訢、外靠李鴻章，才能貫徹自己的求和方針。對奕訢之復出，時人有詩云：「再起賢王晚，終憑伯父親。艱難扶病日，恐懼引嫌

---

[043] 《翁文恭公日記》，甲午八月二十八日。
[044] 《翁文恭公日記》，甲午十月初三、初四日。

第四章　清政府加緊乞和與美國居間

身。」[045] 竟被言中。奕訢被派為督辦軍務的第二天,便約請英、法、德、俄、美五國公使在總理衙門晤談,請他們向政府發電,共同「出面干涉,以獲取對日和平」[046]。這絕不是偶然的巧合。帝黨指望奕訢扭轉局面的幻想完全破滅了。

對於此次重請各國調停一事,翁同龢開始是堅決反對的。光緒帝如何呢？11月5日,翁同龢利用進講的機會,探聽光緒帝的口風。歸後,他在日記中寫道:「上英爽非復常度,剖決精明,事理切當,天下之福也。」不難由此看出,君臣二人在對待各國調停的態度上是完全一致的。光緒帝自知難以阻止乞和,一時陷於異常苦悶之中。當時,有位官員上摺請下罪己詔,光緒帝「深韙之」。翁同龢進諫說:「此即盛德。然秉筆甚難,假如土木、宦官等事,可臚列乎？抑諱弗著乎？諱則不誠,著則不可。宜留中省覽,躬自刻責而已。」[047] 翁同龢的顧慮是有道理的,因為下罪己詔必然要涉及一些諱莫如深的問題,只能加速帝后衝突的激化,所以罪己詔是下不得的。光緒帝心中的不平使其性格變得粗暴,有時對親王大臣聲色俱厲,大發脾氣。並以額勒和布「才欠開展」、張之萬「年逾八旬」為由[048],將二人逐出軍機處。當然,這既不能改變軍機處的格局,也不會使慈禧回心轉意,打消乞和的念頭。

---

[045]　葉昌熾:《緣督廬日記鈔》,乙未二月十一日。
[046]　《中日戰爭》(七),第449頁。
[047]　《翁文恭公日記》,甲午十月十三日。
[048]　《光緒朝東華錄》,光緒帝二十年十月,第190頁。

第一節　和議的初步醞釀

光緒帝載湉

帝黨雖然反對乞和，但后黨主持的乞和活動卻正在積極進行。后黨一面派戶部左侍郎、總理衙門大臣張蔭桓赴天津，和李鴻章密商辦法；一面與美國駐華公使田貝等繼續保持接觸。與此同時，主和派也開始活躍，或密通消息，或公開製造輿論。吉林將軍長順在寫給慈禧的親信榮祿的密信中即透露了一點消息。長順身為前敵統兵大員，卻告訴榮祿戰不可恃，希望樞府王大臣周知此事。他寫道：「軍興以來，默數各軍，無一可恃；既無可恃，即難任戰。……關外軍情如是，在樞廷諸公恐亦未必周知也。弟既知之，何敢緘默？」還向榮祿獻計說：「時局果至如此，勢將不了。沈城、興京舊都，陵寢禁嚴，豈容倭奴逼視？該賊憑陵不已，倘或挾此以要求，為臣子者將何計之從？外間傳言，英、德兩國欲為中倭調和，慶邸達之宸聽，天怒愈甚。……唯審量彼己之勢，默揣當今之局，和則犯千古之不韙，戰則尤兵將之不可恃。此中應如何安危定傾，非出自宸斷，將無有以輕言進者。執事參與戎事，知必有淵謀深籌以處之。」他的話包含兩點意思：一、保護陵寢重地，必須出自和；二、設法讓光緒帝承擔和議的責任。對后黨來說，長順的話當然是很中

第四章　清政府加緊乞和與美國居間

聽的。榮祿當即覆書委婉地表示讚許，並提出謹慎從事的勸告。長順讀信後稱：「反覆尋繹，言簡意賅，至引義之高，見愛之切，具徵忠告盛心。」[049] 關於長順提出的第一點，當時即有反響。這就是盛京陵寢總管聯瑞等20幾人的電報：「東邊為龍脈所在，安危實係於此。現在倭人到處盤踞，任意挖掘坑陷，修臺埋雷，元氣必傷，根本勢將動搖，大局何堪設想？賊氛漸逼漸近，竊慮倭人乘虛占領陵寢重地，上驚列祖列宗在天之靈。聯瑞等籍隸遼瀋，世受國恩，值此地方糜爛萬分危急之際，不得不同聲呼籲，上達天聽。因念夷狄侵擾中國，自古恆有，然歷代聖賢之君每為和戎和番之舉，不肯頻事兵革者，為欲保全民命故也。」該電報還提出：「與其俟全局敗壞，再圖挽回，致成不可收拾之勢，孰若及早籌議善策，尚可補救一二，維持根本？」[050] 並懇請光緒帝速定大計，即及早求和。在當時的情況下，正如長順所說，「和則犯千古之不韙」，連主和派也不敢公開宣揚和議。聯瑞等人之所以敢於公然主和，就是因為他們抓住了一個「名正言順」的主題。光緒帝看了這份聯名電報，不但不怪罪他們，反而「頗曾動容」[051]。不難由此看出，在這份聯名電報署名者的背後，有著長順的影子。長順當時正在瀋陽，很可能是此事的策劃者。至於讓光緒帝承擔和議責任一事，慈禧後來剛好是這樣做的。可見，榮祿和長順這兩個后黨的幕後人物，在當時發揮不容忽視的作用。

　　帝黨雖不能阻止后黨乞和，但帝黨的不合作態度卻成為后黨乞和的障礙。11月21日，奕訢等人決定派天津海關稅務司德人德璀琳赴日，翁同龢「未過問」，表示消極對抗。22日，奕訢、奕劻晉見慈禧，告田貝

---

[049]　〈長順函稿〉，《近代史資料》1962年第3期。
[050]　《清光緒帝朝中日交涉史料》（1989），第24卷，第15頁。
[051]　《翁文恭公日記》，甲午十月二十一日。

第一節　和議的初步醞釀

已奉美國政府來電，為中日調處。為此，總理衙門草擬一份復照給美國公使，略謂：「大清國大皇帝、大美國大皇帝同派田貝講解日本事，以朝鮮為自主，並議賠償兵費，議定再定數目，先令停戰；若議不成，仍開戰。」呈此稿時，光緒帝亦不謂然，說：「冬三月倭人畏寒，正我兵可進之時，而云停戰，得毋以計誤我耶？」[052] 帝黨對乞和活動處處抵制，使慈禧大為光火。她已經失去耐性。為了掃除乞和道路上的障礙，她不惜施展手段，以迫使光緒帝就範。這樣一來，便導致帝后衝突的激化。

11月26日，慈禧在儀鸞殿召見樞府諸臣，趁光緒帝不在座之機，突然宣布：「瑾、珍二妃，有祈請干預種種劣跡，即著繕旨降為貴人。」翁同龢再三請求緩辦，慈禧終不答應。翁同龢問：「上知之否？」慈禧云：「皇帝意正爾。」[053] 當天降旨曰：「本朝家法嚴明，凡在宮闈，從不准干預朝政。瑾、珍妃承侍掖廷，向稱淑慎，是以優加恩眷，洊陟崇封。乃近來習尚浮華，屢有乞請之事，皇帝深慮漸不可長，據實而陳。若不量予儆戒，恐左右近侍藉以為夤緣矇蔽之階，患有不可勝防者。瑾妃、珍妃均著降為貴人，以示薄懲而肅內政。」[054] 過了兩天，慈禧怒氣依然未消，當著群臣談及瑾、珍二妃，「語極多，謂種種驕縱，肆無忌憚」。並宣諭將珍妃位下太監高萬枝處死。在盛怒之下，她還抓住翰林院侍讀學士文廷式彈劾孫毓汶一折，斥為「語涉狂誕」，聲稱事定之後，「當將此事整頓」。29日，軍機處又奉懿旨，撤禮部右侍郎志銳「回京當差」。先是在11月8日，光緒帝聞金州不守，旅順告急，決定派志銳赴熱河招練兵勇。志銳於10日請訓，13日啟程，至是撤還，「招募團練均

---

[052]　《翁文恭公日記》，甲午十月二十四、二十五日。
[053]　《翁文恭公日記》，甲午十月二十九日。
[054]　《光緒朝東華錄》，光緒帝二十年十月，第194頁。

第四章　清政府加緊乞和與美國居間

停辦」[055]。數日之內，慈禧黜二妃，殺內監，斥文廷式，撤志銳，變得陰氣森森，究竟為何？事實上，慈禧所遷怒的對象都跟光緒帝寵愛的二妃相關。志銳乃二妃之兄。文廷式以世交舊誼，與志銳友好，且於二妃前居家時嘗為之授讀，又為光緒帝所器重。所以，慈禧此舉不單純是打擊帝黨主戰派，而主要是針對光緒帝本人。對此，有些帝黨成員看得很清楚。翰林院編修葉昌熾便在日記中寫道：「聞宮廷種種齟齬。季孫之憂，不在顓臾，而在蕭牆。可怕，可怕！」[056]

對於慈禧的處置，光緒帝不敢公開抗爭，還裝作一種「意極坦坦」[057]的樣子。但是，此事卻引起帝黨和接近帝黨的官員的諸多不平。廣西道監察御史高燮曾首先上摺抗論，成為甲午戰爭中言官公開指責慈禧的第一人。高燮曾，字理臣，湖北武昌人，素以敢言聞名。戰爭爆發後，高燮曾針對慈禧為大舉做壽而籌備點景事，即曾上〈軍務孔亟請停點景事宜摺〉，指出：「羽書旁午時，為此娛目騁懷，似與哀懼之意相背，將何以申警將士，振發庸愚？」要求將「所有點綴景物一切繁儀概行停止」，庶可與「純皇帝（乾隆）兢兢業業不敢鋪張之家法，適相符合」。[058] 今見時局危殆，慈禧竟悍然不顧，濫施淫威，高燮曾決定置生死於不顧，於11月30日上摺指斥前日懿旨，謂「樞臣不應唯阿取容，無所匡救」，並有「挾私朋比，淆亂國是，若不精白乃心，則列祖列宗在天之靈，必誅殛之」等語。慈禧見摺後大怒，於當天正午召見樞臣於儀鸞殿，「首指高摺，以為離間，必加辯駁」。翁同龢勸解說：「明無弗照，

---

[055]　《翁文恭公日記》，甲午十一月初二、初三日。
[056]　葉昌熾：《緣督廬日記鈔》，甲午十一月初五日。
[057]　《翁文恭公日記》，甲午十一月初一日。
[058]　《清光緒帝朝中日交涉史料》（1459），第17卷，第40頁。

第一節　和議的初步醞釀

聖無弗容。既調護於先，何必搜求於後？且軍務倥偬，朝局囂凌，宜以靜攝之，毋為所動。」孫毓汶則奏稱：「言者結黨陷害，夙習已然，請鑑悉。」慈禧猶豫甚久，始壓下怒火，諭曰：「姑以汝等請，後再有論列者，宜加懲創；否則，門戶黨援之習成矣。」[059]

慈禧雖處置了瑾、珍二妃及相關諸人，然意猶未足。12月4日，她在儀鸞殿召見樞臣時，又宣布了三件事：一、以志銳「舉動荒唐」，命充烏里雅蘇臺參贊大臣，實則以此名義將其貶出京外；二、授奕訢首席軍機大臣，使其集政治、軍事、外交大權於一身，以便主持議和事宜；三、撤滿漢書房，以隔斷光緒帝與其身邊主戰的近臣的接觸，使其孤立。當9月27日慈禧初露議和之意時，光緒帝曾在當天單獨召見翰林院侍讀學士、南書房行走陸寶忠問計，告以為難情形，陸寶忠奏對：「社稷為重，母后只可婉勸，而不可奉命唯謹。」光緒帝說：「拂意太過，於孝有虧。」[060] 但又露「欲得外廷諸臣協力言之」[061] 之意。南上兩書房人員還多奏停辦點景，大觸慈禧之怒。她發恨說：「今日令吾不歡者，吾亦將令彼終身不歡！」[062] 於是有書房輟講之舉。至此，帝后關係已發展到極為緊張的程度。不過，這只是慈禧給光緒帝的小小警告而已。十分清楚，如果光緒帝不肯就範，慈禧必定還會使出更毒辣的手段。對於慈禧撤兩書房之舉，光緒帝十分不滿，在召見樞臣時不禁怒形於色。無論黜二妃、斥文廷式，還是貶志銳，他都能默不作聲，但感到撤書房一事卻非同尋常，會使自己的地位受到威脅，他有成為空頭皇帝的危險。然

---

[059]　《翁文恭公日記》，甲午十一月初四日。
[060]　王芸生：《六十年來中國與日本》，第2卷，三聯書店1979年版，第192頁。
[061]　葉昌熾：《緣督廬日記鈔》，甲午八月二十八日。
[062]　王芸生：《六十年來中國與日本》，第2卷，三聯書店1979年版，第192頁。

第四章　清政府加緊乞和與美國居間

而，他自知無力對抗，只能命奕訢在謝皇太后恩時為之求情。這表明他在慈禧的壓力下開始屈服了。慈禧見光緒帝願意服輸，也就替他留一點面子，諭曰：「前日予所論太猛，今改傳滿功課及洋字均撤，漢書不傳則不輟之意可知。」[063] 透過撤書房可以看出，光緒帝雖有收攬大權之志，但終究還是跳不出慈禧這位「老佛爺」的手心。

經過精心的謀劃，慈禧使光緒帝不得不降心相從，這就掃除了她乞和道路上最主要的障礙。從此，慈禧便毫無顧忌地操縱和議。12月12日，她批准張蔭桓為全權大臣，準備正式與日本議和。對此，光緒帝雖不敢表示反對，但帝黨的一些成員卻在醞釀諫爭。27日，他們邀集翰詹科道30幾人在松筠庵會議，準備聯銜上奏。[064] 因為第二天發生了福建道監察御史安維峻革職發軍臺事，帝黨的這一計畫只能暫時中止。

安維峻（西元1854～1925年），字曉峰，號槃阿道人，甘肅秦安人。1875年中舉人，用為七品小京官。1880年成進士，改庶吉士，授編修。1893年11月，始遷福建道監察御史。戰爭爆發後，先後上40多疏，全是關於戰爭的條陳。安維峻憂慮時局，「當軍情吃緊時，每繕折，輒痛哭不能已」，有時「連數晝夜不寐」。[065] 及12月間，聞和議勢難中止，遂於25日上〈力阻和議疏〉，指責當事者「以長策必出於議和，議和必出於賠款」是「藉寇兵而齎盜糧」。並警告說：「今一敗即和，是我求成於敵，非敵求和於我也。至此以後，將賠兵費，割重地，視為救急之良圖，無復自強之一日矣！」[066] 凡此皆被言中了。然此折遞上後，並無回

---

[063]　《翁文恭公日記》，甲午十一月初八日至初十日。
[064]　葉昌熾：《緣督廬日記鈔》，甲午十二月初一日。
[065]　安維峻：《諫垣存稿》，自序。
[066]　安維峻：《諫垣存稿》，第4卷，第28～30頁。

第一節　和議的初步醞釀

應。27日，復草〈請誅李鴻章疏〉「迨繕真，夜已二鼓矣，即呼正陽門入趨上之，意以命拼一疏，倘可上次天聽，雖死無恨」[067]。他在折中抨擊樞府諸臣說：「樞臣亦明知和議之舉不可對人言，既不能以死生爭，復不能以去就爭，只得為掩耳盜鈴之事，而不知通國之人早已皆知也。」並將矛頭直接指向慈禧及其心腹太監李蓮英：「此舉非議和也，直納款耳。不但誤國，而且賣國。中外臣民無不切齒痛恨，欲食李鴻章之肉。而又謂和議出自皇太后旨意，太監李蓮英實左右之。此等市井之談，臣未敢深信。何者？皇太后既歸政皇上矣，若猶遇事牽制，將何以上對祖宗，下對天下臣民？至李蓮英，是何人斯！敢干預政事乎？如果屬實，律以祖宗法制，李蓮英豈復可容？」[068] 安維峻冒死上疏的正義行動，贏得了朝野愛國人士的廣泛同情，以此「直聲震中外，人多榮之」[069]。志銳特製「隴上鐵漢」印章相贈。[070] 時人讚之曰：「吳柳堂後一人也。」[071]

12月28日，光緒帝覽奏，因慈禧有「後再有論列者，宜加懲創」之語，深恐不為慈禧所見諒，藉此以興大獄，表示震怒，飭拿交刑部治罪。后黨諸臣從而迎合，亦言宜加懲辦。翁同龢力排眾議，為之辯解：「究係言官，且彼亦稱市井之言不足信。」[072] 乃定革職發軍臺效力。當日明發諭旨，有「安維峻呈進封奏，託諸傳聞……肆口妄言，毫無忌憚，若不嚴行懲辦，恐開離間之端」等語。並告誡臣工說：「乃近來竟有一二人領銜，糾集不應具折之員至數十人之多，殊乖定製，以後再有

---

[067]　安維峻：《諫垣存稿》，自序。
[068]　安維峻：《諫垣存稿》，第4卷，第31～32頁。
[069]　《清史稿》列傳二百三十二〈安維峻傳〉。
[070]　安維峻：《望雲山房詩集》，卷中。
[071]　葉昌熾：《緣督廬日記鈔》，甲午十二月初二日。按：吳可讀，字柳堂，甘肅皋蘭人。光緒帝初，任吏部主事。西元1879年，同治安葬惠陵，以死諫為同治立嗣而著名。
[072]　《翁文恭公日記》，甲午十二月初二日。

第四章　清政府加緊乞和與美國居間

似此呈遞者，定將列名之員概行懲處。」[073] 這顯然不代表光緒帝的本意，而是后黨藉此機會進一步打擊帝黨。安維峻以言獲罪後，「訪問者萃於門，餞送者塞於道，或贈以言，或資以贐，車馬飲食，眾皆為供應」[074]。侍講丁仁長上書奕訢，力言安維峻不可罪斥，其書有云：「安某受離間之名，而有調護之實；恐宵小名為調護，而實施離間之奸。」[075] 時人稱：「可見公道在人心，曉峰（安維峻）於此不朽矣！」[076]

對於安維峻之遣戍軍臺，主戰派官員私下議論紛紛，或認為「幾遭不測，樞府營救，僅予薄譴」，或認為「皆出樞府之迎合」[077]，莫衷一是。實則二者兼有之。光緒帝此舉既是對主戰派的保護，也是對后黨主和派的屈從。圍繞著和戰這個大方針，經過幾個回合的特殊較量，光緒帝感到自己勢單力薄，不得不暫時妥協。翁同龢是反對和議的，卻也變了口風，娓娓地表示同意議和。他對慈禧說：「臣於和議向不敢阿附，唯茲事亦不可中止，使臣已遣而逗留，恐彼得藉口。且我之議和，正欲得其貪吻之所出，先作準備耳，幸少留意。」[078] 由此可見，光緒帝名為親政，並無實權，根本不是老謀深算的慈禧的對手。帝黨在鬥爭中不但無還手之力，連招架之功也談不上。這就決定其失敗的命運。透過這一階段的鬥爭，慈禧掃除乞和道路上的障礙，便決定沿著這條路走到底了。

---

[073]　《光緒朝東華錄》，光緒帝二十年十二月，第 212 頁。
[074]　《清史稿》列傳二百三十二〈安維峻傳〉。
[075]　《翁文恭公日記》，甲午十二月初五日。
[076]　趙元普：〈與李叔堅書〉。轉見李鼎文：〈評價甘肅舉人（請廢馬關條約呈文）及其他〉，《甘肅師大學報》1963 年第 1 期。
[077]　葉昌熾：《緣督廬日記鈔》，甲午十二月初四日。
[078]　《翁文恭公日記》，甲午十二月十九日。

第二節　列強調停之聲再起

一　英國再倡調停

慈禧派翁同龢去天津探詢聯俄之議，實際上只是她準備乞和的一個理由。她是有病亂求醫，不管俄國還是英國，誰肯出面斡旋，便依靠誰。她遣翁同龢赴津的主要目的，是向李鴻章暗示求和之意，以便讓李鴻章好放手進行乞和活動。

在慈禧探詢俄國的同時，樞府諸臣也在頻頻與英人總稅務司赫德接觸。因當時英國公使歐格訥不在北京，清政府便企圖透過赫德請英國政府出面斡旋和議。10月4日，奕劻等與赫德會談，決定以中國「放棄宗主權」、由相關各國「相互保證朝鮮的獨立和中立」為條件，與日本講和，並請英國政府從中主持。5日，赫德致電海關駐倫敦辦事處稅務司金登幹（Robert Hart）轉英國政府，提出以下建議：

中國請英國政府趕緊按上述辦法（指奕劻與赫德商定的和議條件）出面斡旋，以免日本侵入中國本部，加重困難。這一建議，日本可能輕率拒絕，但鑒於戰爭是強加在中國身上的，應予支持。直接有關國家是中、日、俄，但廣泛的保證更佳。中國希望英國參加，也希望對於朝鮮感興趣並對日本具有影響的美國參加。如能邀請有約各國，包括德、法、義、奧都參加則更佳。最好立即行動，阻止日本再前進。目前局勢既是如此，已到刻不容緩的緊要關頭，再不能拖延時日了。

第四章　清政府加緊乞和與美國居間

最後，特地說明：「此電係應總理衙門之請，並經授權拍發的，已經賦予行動的全權。」[079]

10月6日，奕訢和奕劻與赫德再次會議，微露可以答應賠款之意，表示：「中國既係被迫應戰，原難容許任何過奢的要索，但如認為非此不可，仍可提出辦法再商量。」[080] 同一天，孫毓汶和徐用儀又與赫德從下午4點談到6點。他們對赫德說：「政府有責任力撐危局，現在也知道繼續作戰沒有把握，早日和解是最好的辦法。」孫毓汶、徐用儀二人「幾乎痛哭流涕，願意聽受任何好的建議，答應以後辦這樣辦那樣」。[081] 這實際上暗示允許賠償軍費。

10月8日，英國政府向其駐日臨時代理公使巴健特發出試探日本政府意圖的訓令，其電云：「日本國政府可否向各國承諾，以擔保朝鮮獨立及向日本國賠償軍費為條件的媾和？」[082] 9日，英國政府透過中國海關倫敦辦事處的金登幹轉電赫德：「英國政府已向德、法、美、俄政府提出，在共同保證朝鮮獨立的基礎上，由各國聯合調停，並另加賠償戰費的建議。」[083] 這便為英國政府再次倡議的調停奠定了基調。

英國政府還怕清政府在賠償軍費問題上反悔，轉電赫德繼續動員清政府：「以朝鮮獨立的單純條件，是沒有希望能開談判的。提出發動戰爭的道義問題也沒有用，必須完全面對既成事實。迄現在為止，與各國的磋商是順利的，而日本卻是氣勢洶洶，除非中國立即同意英國所提朝

---

[079]　《中國海關與中日戰爭》，第60頁。
[080]　《中國海關與中日戰爭》，第62～63頁。
[081]　《中國海關與中日戰爭》，第63頁。
[082]　《日本外交文書》，第27卷，第790號。
[083]　《中國海關與中日戰爭》，第64頁。

第二節　列強調停之聲再起

鮮獨立，另加金錢賠償的建議，恐將錯過目前有利於談判的時機。」[084] 其實，在清廷內部，只有慈禧、奕訢、奕劻、孫毓汶、徐用儀等幾人知道英國提出的賠償軍費問題，翁同龢、李鴻藻以至光緒帝還都被矇在鼓裡。在慈禧的支持下，奕訢等人不經樞府諸臣討論和奏報光緒帝，便答覆赫德：「賠款雖然難堪，但並非絕對不行。」[085] 原則上接受了賠償軍費的條件。

與此同時，李鴻章也在天津與歐格訥和喀西尼先後商談。10月10日，歐格訥到天津，與李鴻章會晤時告以：「外部以中日戰事未便持久，兩有損傷，囑相機解勸，已電駐日英使探詢日政府，尚未接復。」並申明英國政府的態度說：「如從前先令撤兵再議朝鮮辦法，事必無成。今要講和，非允賠兵費不可。」又稱：「兩國戰久，不但兩國傷人傷財，亦與各國商務有礙。且看各國主意如何？但可從旁勸說，未便用力強壓。」12日，喀西尼又帶巴福祿往訪李鴻章，首先表示：「俄國政府尚未明言作何主意。現值中日用兵之際，局面未定，如中日和議成後，日久踞韓，俄國必照前議出來干預。目前宜暫守局外之例。」又進一步表明對中日戰事的態度說：「俄暫難擾越，亦無可如何。日人自以為水陸之戰皆甚得手，現時如與議和，中國已須吃虧；然如不趁此了結，將來日兵再進一步，貪心更大，和局更難。」[086] 歐格訥要中國賠償兵費講和，喀西尼也勸中國「趁此了結」，李鴻章不加評論地將他們的話報告給奕訢，正說明他本人對這種條件是同意的。

---

[084]　《中國海關與中日戰爭》，第65頁。
[085]　《中國海關與中日戰爭》，第66頁。
[086]　《李文忠公全集》譯署函稿，第20卷，第54～55頁。

第四章　清政府加緊乞和與美國居間

10月13日，歐格訥到總理衙門，正式代表英國政府提出，以中國允各國保護朝鮮、賠償日本軍費為條件，出面聯合各國調停。並限定即日定議。奕劻派人叫奕訢到總理衙門，一直議至晚上10點鐘，奕訢等答應英國提出的條件後會議始散。14日，軍機處討論與日議和的條件問題，爭論十分激烈。在此以前，奕訢也將此事向慈禧報告。在討論議和條件時，孫毓汶、徐用儀「氣勢洶洶，以為不如此不能保陪都，護山陵」。翁同龢和李鴻藻初聞賠款之議，大吃一驚，堅決反對，謂：「英使不應要挾催逼，何不稱上（光緒帝）意不允以折之？」奕訢胸有成竹，並不多言。孫毓汶、徐用儀已知慈禧出面做主，光緒帝不允也無用。因此，當翁同龢、李鴻藻提出「俟俄使到再商」時，他們執意不可。這日午時，慈禧召見樞府諸臣，翁同龢、李鴻藻「指陳歐使可惡，且所索究竟多少，如不可從，終歸於戰」。二人「論款事語極長」，侃侃而談。然而，慈禧為了在她的60壽辰前結束戰爭，賠款也在所不惜，豈是翁同龢、李鴻藻二人的諫諍所能挽回？當天，翁同龢在日記裡憤慨地寫道：「天意已定，似不能回矣！」[087]

對於英國倡議的聯合調停，列強的態度究竟如何，這是日本政府所必須考慮的，因為當時確有「歐洲各國試圖對日清兩國交戰進行干涉的傳言」[088]。日本政府對此採用非常審慎的態度。10月9日，日本駐德國公使青木周藏致電陸奧宗光，向他建議「給英國的答覆盡可能地推遲時間」[089]。陸奧宗光接受了青木周藏推遲答覆的建議，但提醒他不要流露出有關議和條件的任何言語。

---

[087]　《翁文恭公日記》，甲午九月十六日。
[088]　《日本外交文書》，第27卷，第792號。
[089]　《日本外交文書》，第27卷，第793號。

第二節　列強調停之聲再起

　　事實上，列強出於自身利益的考慮，對聯合調停的態度並不是真的正面。10月9日，義大利外交大臣布朗克接見日本公使高平小五郎時說：「列強干涉之事，今日雖未成為議題，但隨著事態的發展必有此事，這將對貴國產生甚為不利的結果。故貴國應確定朝鮮獨立及賠償軍費二事，使各國滿意，庶可以不受列國之干涉而結束大局。」高平小五郎當即表示：「以一己之見，今日我軍已深入敵地，此事恐難實行。」[090] 布朗克見日本態度如此，隨即密告：「迄今大國之間協商，僅止於互相保護其臣民，將來萬一有必要之時，亦難進行干涉。」[091] 其實，布朗克所密告高平的剛好是英國政府的態度，因為當時義大利在國際外交上一直保持與英國相同的立場。早在9月25日，日本駐俄公使西德二郎即電陸奧宗光：「我祕密得知，英國在此刻無干涉之意圖。」30日，他又致函陸奧宗光，進一步分析英國政府態度的變化及其原因說：「英國之所以最初對清國表示同情，皆因考慮戰爭取利必歸於清國。清國強大的海軍可以阻止日本運送士兵的船隻，並在和日本的海上作戰中獲勝。然而，出乎意料的是，在日清戰爭的第一期，全勝已歸於日本。於是，其政府突然轉變態度，以至各報也高唱英國應予日本以援助，使日本獲得戰勝的結果，並盡力使列國不加干涉。」[092] 事實就是如此。10月15日，英國政府便向赫德通報對調解一事的基本情況，共五點：「（一）賠款是首相提議而由外交部採取的；（二）不能希冀列強用武力干涉來支援建議中的解決條件；（三）某兩個國家（指美國和德國）不贊成對日本使用道義壓力；（四）不能希望英國政府在外交行動以外另作單獨行動；（五）

---

[090]　《日本外交文書》，第27卷，第800號。
[091]　《日本外交文書》，第27卷，第792號。
[092]　《日本外交文書》，第27卷，第788～789號。

第四章　清政府加緊乞和與美國居間

日本態度堅決,料有最後答覆,現尚未收到。」[093]對於這次聯合調停來說,英國政府是倡議者,它對中國的態度是施加壓力,要求中國必須賠償軍費,而對日本的態度則僅限於「外交行動」,即傳遞消息,其傾向日本的立場就很清楚。

美、德兩國的確連對日本使用「道義壓力」也表示反對。10月6日,英國駐美國代辦戈申(W. E. Goschen)致函美國國務卿格萊星姆,詢問:「美國政府是否願意與英、德、法、俄聯合干涉中日糾紛?這種干涉的基礎是:各國保障朝鮮的獨立;日本取得戰費賠償。」12日,格萊星姆函覆戈申:「雖然總統誠懇地希望中國與日本雙方都是體面的,而且在不屈辱朝鮮的和平條款上迅速獲致協議,但是他不能如所邀請,加入英、德、俄、法的干涉。」雖然英國向美國說明「所計劃的干涉僅限於外交的行動」[094],但是美國仍然拒絕參加聯合調停。格萊星姆還密告日本駐美國公使栗野慎一郎說:「英國政府詢問美國政府:關於恢復和平試圖干涉一事,是否有與英、德、俄、法同盟之意?美國政府則以和歐洲諸國聯合,與美國的政策背道而馳而拒絕之。」[095]後來再一次向栗野慎一郎傳遞消息說:「英國又繼續要求美國加入干涉同盟,美國再次予以拒絕。」並且明告栗野慎一郎:「美國同情於日本國,本無妨礙日本國戰勝之意。」[096]德國也一開始便拒絕參加聯合調停。德國外交大臣馬沙爾(Marschall)致電其駐中國公使紳珂(Schnecker)說:「本月七日,此間英國大使書面建議干涉中日戰爭,干涉之根本事項,應為朝鮮獨立由

---

[093]　〈金登幹致赫德電〉,新字第800號。見《中國海關與中日戰爭》,第67頁。
[094]　《中日戰爭》(七),第447頁。
[095]　《日本外交文書》,第27卷,第803號。
[096]　《日本外交文書》,第27卷,第811～812號。

第二節　列強調停之聲再起

列強保證及中國償付賠款；同樣請參加之照會發出給聖彼得堡、巴黎、羅馬及華盛頓內閣。我們立刻注意到這種干涉足以遇到的各種考慮，並表示意見，在現時干涉幾乎是不適宜的，從各種現象判斷，日本將要拒絕干涉。」馬沙爾還致電其駐英國大使哈慈菲爾德說：「鑒於兩交戰國目前之軍事情況，日本接受中國提案似乎不可能，因此我們不得不拒絕承擔在這提議基礎上的調解。」[097] 除此以外，當青木周藏祕密謁見德皇威廉二世時，德皇覷使密告青木周藏：「朕為日本國的利益而堅決反對武力干涉。」[098] 青木周藏為之驚喜萬分，立即報告陸奧宗光：「本使之祕密謁見不無成效。……德國外交大臣確言：如無德國，將實行武力干涉。該大臣主張採取繼續有利於日本國之同一策略，但無論什麼事情，日本國應許給歐洲各國的特別待遇，亦要給予德國。」[099]

　　法國政府對聯合調停一事表面上似不關心，不明確表態，實則傾向日本。西德二郎於 9 月 30 日曾向陸奧宗光報告：「在歐洲諸國中，俄、英、法是同遠東貿易及殖民有重大關係的國家。從法國報紙觀察，法國對日清之戰雖稍有忽視的傾向，但一般將日本視為遠東開化之先導，並對其示以好意。而對於因循守舊的清國，則懷有某些惡感。加之，法國迄今與清國不僅屢開戰端，而且近來又在安南及雲南境內與為數眾多的清國惡徒衝突，而徒費鉅款。」[100] 由於邊境糾紛不斷，清政府令駐法臨時代辦慶常在巴黎與法國政府談判解決，以免影響列強聯合調停之事。

---

[097]　《中日戰爭》(七)，第 322～323 頁。
[098]　《日本外交文書》，第 27 卷，第 808 號。
[099]　《日本外交文書》，第 27 卷，第 809 號。
[100]　《日本外交文書》，第 27 卷，第 789 號。按：所謂法國「在安南及雲南境內與為數眾多的清國惡徒衝突」事，純係日本方面的惡意中傷。據龔照瑗致總理衙門電：「越南馬頭山『遊匪』擄害法官，與華無涉。」(見〈龔大臣中英法往來官電〉，《中東戰紀本末三編》第 2 卷，第 47 頁) 可見，這是一起因越南居民反抗法國殖民者的鬥爭而引起的事件。

第四章　清政府加緊乞和與美國居間

中國公使龔照瑗致電總理衙門說：「越界未定之處，仍令該使（慶常）和商速結，以杜爭端。」[101] 同時，清政府尚正在積極解決中法間的兩件懸案：

一是法國人呂推（Jules-Léon Dutreuil de Rhins）被殺案。西元1894年3月，法國「遊歷士」呂推由西藏沿小路至西寧，因6月5日行至紅冒屯時丟馬二匹，強將民馬搶去使用，引起當地居民的公憤，被「捆投通天河身死」。此事引起中法之間的交涉。清政府一面向法國政府說明「呂推行小路，華官不及保護」，表示惋惜；一面應允在巴黎「登報婉解，並將我允議恤款一節宣告，以安該家屬之心」。經過雙方的反覆磋商，最後於10月11日議定，由中國付恤款25萬法郎[102]而結案。

二是法國傳教士趙得夏（或音譯「若所」）（Moyse Jozeau）被殺案。據法國公使施阿蘭致總理衙門照會，該國傳教士趙得夏於7月29日在朝鮮公州被葉志超部兵勇殺害，因此提出交涉。後來，訪查的結果：成歡之戰後，清軍由牙山至公州沿途拿獲日探甚多。正定前營什長鄭發祥誤認趙得夏為日探，將其殺害。按軍令於10月20日將鄭發祥正法。經過兩國交涉，由中國賠償撫卹金3萬法郎了結此案。[103]

清政府盡可能妥善解決這兩樁懸案，其目的是希望法國政府對聯合調停持正面的態度。慶常曾到法國外交部遊說：「倭為戎首，擾亂通商大局，殃及西人身家財產，應由各國止倭兵，保大局。」法國方面雖對慶常所談「深以為然」，但對聯合調停事仍不置可否，表示「擬商英、

---

[101]　《東行三錄》，第172頁。
[102]　〈龔大臣中英法往來官電〉，《中東戰紀本末三編》第2卷，第41、49頁。
[103]　〈致法國公使施阿蘭照會〉，《朝鮮檔》（2547）。

第二節　列強調停之聲再起

俄」[104]，實際上是婉言拒絕清政府的請求。

　　至於俄國，它對聯合調停一事雖然關心，但不積極，是抱著靜觀事態發展的態度。早在日本挑起戰爭後，俄國政府所召開的特別會議即做出對中日戰爭不積極干涉的決議。平壤之戰後，俄國的這一政策依然未變。據西德二郎呈給陸奧宗光的報告，他斷言：俄國政府認為，「日本可以同北京政府進行任何談判，但堅決反對日本獨自破壞朝鮮的獨立。既令日本無占領與俄國接壤的朝鮮之念，又讓其明白不可妄圖依靠英國的援助。日本雖以兵力進入清國領土，此乃日本自己決定之事，他國絕不應干涉。但是，一旦日本獲得全勝而要求賠款及索取土地時，則不能容許將朝鮮變為日本的州郡」。西德二郎的情報，使日本政府對俄國的態度有了充分的了解。10月16日，伊藤博文致電陸奧宗光說：「俄國堅信戰後日本將占領朝鮮部分領土，對此有所不滿。因此，俄國正跟英國套近乎，目的是共同反對日本在朝鮮的政治宣傳。有必要向俄國發出正式宣告，以消除此誤解。用此方法可使俄國站到我們方面，此乃大為有益之事。」[105] 當時，日本的確最擔心的是俄國政府的態度變化。陸奧宗光也說：「李鴻章與總理衙門一同一再懇求外國使節援助，並電令駐歐各國使節向其駐在國政府一味哀求乞援。而英國政府再次聯合各國企圖向中日兩國勸告恢復和平；這時俄國正在虎視眈眈，伺機欲動。」[106] 日本的擔心是有根據的。然而，此時還不是俄國行動的時機。正如赫德一針見血地指出：它要「等著『梨子熟了落在手裡』，好撿便宜」[107]。

---

[104]　《東行三錄》，第172頁。
[105]　《日本外交文書》，第27卷，第789、799號。
[106]　陸奧宗光：《蹇蹇錄》，第89～90頁。
[107]　《中國海關與中日戰爭》，第49頁。

第四章　清政府加緊乞和與美國居間

　　從10月8日英國詢問日本是否願意有條件的媾和以來，十幾天的時間過去了。在此期間，日本政府一面為進攻中國本土而積極作準備，一面施展外交伎倆，使列強站到日本一邊。從當時歐洲的資產階級報紙看出，輿論界有對日本一邊倒的傾向。日本駐英國臨時代理公使內田康哉興高采烈地向陸奧宗光報告說：

　　本職曾接受英國上流社會人士對中國戰勝的賀詞。該國報紙大都讚揚日本的戰勝，並表示滿意。茲列舉其重要者，如《泰晤士報》說：「日本的軍功不愧享受戰勝者的榮譽，吾人今後不能不承認日本為東方一方興未艾的勢力，英國人對於這個彼此利害大體相同，而且早晚要密切相交的新興島國人民，不可絲毫懷有嫉妒之意。」《帕爾美爾報》說：「往日是英國教導日本，現在應該是日本教導英國的時候了。」《每日電訊報》說：「應勸告中日兩國講和，而且主張中國在履行全部和約以前，日本應占領臺灣島。」由此可見，英國人民在牙山戰役以前對中國所懷的感情，現在已是如何地大為改變。又，此時另有一家報紙上描寫法國人的感情說：「富貴人家，門庭若市。今日本在歐洲取得的勝利，比戰勝中國更為偉大。此後，日本可以毫無顧慮、為所欲為地縱橫天下，亦可略取敵國的土地而蠶食之。」總而言之，日本可以像其他自認為有勢力的國家採取同樣的行動。歐洲列強不僅無法干涉日本人的這種行動，即對其所抱理想亦不能加以干涉。[108]

　　報紙是該國資產階級政府或政黨的喉舌，是其對外政策的折光反映。英國本來是各國聯合調停的倡議者，此時反倒「對日本有更加親密之意」，甚至「對由清國割讓土地一事並無非常之異議。即關於日本國於朝鮮占有首位一事，亦無不同之意見」。[109] 所有這些，都已經超出它強

[108]　陸奧宗光：《蹇蹇錄》，第87～88頁。
[109]　《日本外交文書》，第27卷，第802號。

第二節　列強調停之聲再起

迫中國答應的兩項議和條件。

當時，日本國內的「一般氣氛，稱心快意，歡欣若狂；凱歌之聲，到處可聞」、「對於未來的欲望日益增長」。一些軍國主義性質的團體，此刻非常活躍，只有一個口號，就是：「進攻！」在此國際國內條件對自己有利之際，日本為滿足更大的貪欲，決定迅速擴大戰爭。陸奧宗光寄給在廣島的伊藤博文的一封私函說：「外國干涉之端已開，故我軍行動，尤須十分迅速。在外國干涉尚未達到十分棘手以前，不論占領何地，皆為必要。閣下當必洞察機微，尤望注意此事。」[110]10月23日，日軍進攻鴨綠江防的準備已經就緒，便由陸奧照復英國公使巴健特，拒絕英國政府的調停建議：

在日本軍隊處處獲得勝利的今日，帝國政府認為，在戰爭的現階段，事態的發展尚未達到足以保證在談判上得到令人滿意的結果。因此，目前根據何種條約來結束戰爭，帝國政府將保留自己的觀點。[111]

10月24日，即日本照復英國的第二天，日軍便發動了進攻中國本土之戰。

---

[110]　陸奧宗光：《蹇蹇錄》，第90、92頁。
[111]　《日本外交文書》，第27卷，第806號。

第四章　清政府加緊乞和與美國居間

二　清政府乞請五國調解與美國的居間

自10月間英國倡導聯合調停失敗後，慈禧並不死心，決定進一步乞請列強繼續出面調處。11月3日，經清政府約請，英國公使歐格訥、法國公使施阿蘭、德國公使紳珂、俄國公使喀西尼和美國公使田貝齊集總理衙門。奕訢請求五國公使建議本國政府「出面干涉，以獲取對日和平」，並向五位公使各遞交一份內容相同的照會，提出中國講和的條件是：「日本應從滿洲撤去它的軍隊，中國同意朝鮮將來獨立。中國將賠償戰費，數額由各友邦共同決定，並且在一定期內付清。」總理衙門還送了一封公函給田貝加，其中特地引述西元1858年6月18日《中美天津條約》中「若他國有何不公輕藐之事，一經照知，必須相助，從中善為調處，以示友誼關切」一段話，希望美國政府能夠「惠然出面干涉，阻止戰爭，重建和平」。[112] 另外，總理衙門有電致義大利政府，也提出這一請求。這是甲午戰爭期間關於列國聯合調停的第三次建議。

日本政府雖在10月間拒絕了英國的調停建議，但這並不意味著它毫不考慮和議問題。伊藤博文等人已經看到，西方列強的干涉勢所難免，中日議和只是或早或晚的問題。日本當局主要考慮的問題有兩個：一是選擇最有利的時機議和；二是確定最有利的議和條件。為了實現這兩項目標，日本決定趁列強干涉尚未達到十分棘手之前，迅速擴大戰爭，占領更多的中國土地，以便日後議和時滿足自己更大的貪欲。其實，日本在以「事態的發展尚未達到足以保證在談判上得到令人滿意的結果」[113] 為由拒絕英國建議之前，已經研究了議和的實際條件問題，但認為時機

---

[112]　《中日戰爭》（七），第448～450頁。
[113]　《日本外交文書》，第27卷，第806號。

第二節　列強調停之聲再起

尚不成熟，所以決定在攻占遼東半島後再談議和問題。

11月3日，即總理衙門約見五國公使的同一天，日本外務省也和李鴻章的顧問、美國人畢德格（William N. Pethick）主動接觸。畢德格早在西元1874年就來到中國，起初擔任美國駐天津的副領事，由於熟悉漢語和法、德等國語言，後來便成了李鴻章的祕書、翻譯和顧問，又是李鴻章的兒子李經方的英文老師。他在李鴻章身邊近20年，對李鴻章的觀念很有影響，也深得李鴻章的信任和倚重。先是畢德格回國休假，期滿後重返天津，於11月3日到達日本橫濱。日本政府先已得到情報，便派在外務省擔任顧問的美國人端迪臣（Henry Willard Denison）專程前往橫濱，邀請畢德格到東京一行。畢德格也想摸日本議和條件的底，便答應前往。4日下午，日本外務省官員與畢德格會見，主動地提出和議問題，因而有如下的談話：

日本外務省官員：「日本擬俟得旅順口後方肯開議。」

畢德格：「譬如已得旅順，其開議之條款如何？」

日本外務省官員：「現在主意尚未大定，其大概情況如左：一、賠費；二、朝鮮自主；三、割地；四、江寧、杭州所殺之倭人[114]應令賠償；五、按照各國一體均霑之例，以後所有在華倭人應享權利與歐洲各國之人無異。」

……

畢德格：「將來日本如令中國割地，不知所割者為何地？」

日本外務省官員：「此事須俟臨時檢視日本兵隊所據地方酌定。」

畢德格：「日本擬將兵隊所占之地盡據為己有乎？」

---

[114]　指在南京決死的日諜福原林平、楠內友次郎及在杭州處決的日諜藤島武彥、高見武夫。

第四章　清政府加緊乞和與美國居間

　　日本外務省官員：「或照如此辦法亦未可知，唯當俟臨時視日本兵隊進占所抵之地酌定。」[115]

　　不難看出，日本外務省主動邀請畢德格會談是經過慎重考慮的。其目的有兩個：第一，表露願意直接與清政府議和，既可堵塞列強插手干涉之路，又能鼓勵清朝統治集團內部的主和派，使乞和成為清政府不可逆轉的方針，以便從根本上動搖中國的抵抗力量；第二，所提五條既原則又頗具彈性，如提出賠償軍費而不說明實際數字，提出割地而又說割取何地須俟臨時酌定等等，皆為日本希圖滿足其最大的貪欲而埋下伏筆。

　　日本政府一面透過畢德格向中國拋出「五條」，一面密切注視西方列強的動向。奕訢會見五國公使以後，英國政府根據清政府提出的請求，曾詢問德、法、俄、美四國是否願意「在共同保證朝鮮獨立及賠償適當戰費的條件下，干涉中國與日本的戰爭」[116]。英國政府之所以對此事表現出十分熱心，是因為深恐日本軍隊的進一步行動將會導致清王朝的四分五裂以至崩潰，這就勢必要威脅到英國在中國的地位和利益。其他歐洲國家則寧願暫時採取觀望的態度，以便伺機而動，好摘取熟透的果實。所以，並沒有一個國家正面響應英國的建議。

　　11月9日，法國外交部向日本駐法公使曾彌荒助宣布：法國「根本不介入（聯合）干涉之事」、「在此問題上彼亦未做任何事情」。[117]

　　德國不僅拒絕參加調解，還暗中支持日本。這並不足怪。因為德國為了在遠東與英、俄、法等國爭衡，早就想在中國攫取一個軍港，作為

---

[115] 《李鴻章全集》（三），電稿三，第174頁。
[116] 《中日戰爭》（七），第451頁。
[117] 《日本外交文書》，第27卷，第816、839號。

第二節　列強調停之聲再起

擴大侵略的基地，所以它希望看到中國的慘敗，以便乘機實現自己的圖謀。日軍突破清軍鴨綠江防線和登陸花園口的第四天晚間，德皇威廉二世偕皇后到柏林皇家劇院觀劇，他發現中國公使許景澄沒有出席，便在舞劇的第一場結束時派侍從官特地召見日本駐德公使青木周藏，「以滿腔之喜悅對日本海陸軍的勝利表示祝賀之忱」。並說：「為使日清間停止作戰，近日英國政府企圖以不公平的所謂武裝調停阻止貴軍前進，朕讓我的政府首先反對，並周知各國。」[118] 德皇的表態，使青木周藏心裡有了底，便於11月11日致電陸奧宗光：「德國堅決站在我方，反對調停。」第二天，許景澄會見外交大臣馬沙爾，直接請求德國調解。馬沙爾問：「中國所提條件如何？」許景澄答：「承認朝鮮自主，支付賠款。」馬沙爾說：「在此日本連勝之際，必不答應如此之條件。」許景澄繼問：「何等條件才為充分？」馬沙爾拒絕回答，僅稱：「中國可以日本認可之適當條件直接交涉。」[119] 當天，馬沙爾便將此情況通報青木周藏。許景澄致電總理衙門：「德外部稱：『現揣倭願奢，中國所擬恐彼不允，難辦調處。』迭告以擬仗各國公斷及先與試商，均不謂然。復請酌與各國同辦，亦云：『難以允商。』論良久，因請其告德主再談，意甚堅拗。」[120] 德國政府的立場十分明顯，它是想利用日本為其火中取栗，並儼然以日本的同情者自居，當然不肯出面調停了。

俄國一直在打自己的算盤，它未參加10月間英國倡議的聯合調停，這次態度仍未改變。日本也在密切注視著俄國政府的動向。俄國外交大臣吉爾斯當時重病在身，正在休養之中。日本駐俄公使西德二郎為摸清

---

[118]　《日本外交文書》，第27卷，第816、839號。
[119]　《日本外交文書》，第27卷，第819、824號。
[120]　《清光緒帝朝中日交涉史料》（1954），第24卷，第1頁。

第四章　清政府加緊乞和與美國居間

俄國的真實態度，竟多次登門拜見，探聽口風。11月9日，吉爾斯向西德二郎透露：「此時尚未到干涉之時機。」23日，吉爾斯告訴西德二郎：「中國雖不願朝鮮之過度變革，但對於朝鮮之事並無格外之意見。」28日，俄國外交副大臣基斯敬又密告西德二郎：「一週前，清國公使（許景澄）委託俄國政府調停戰爭，因各國政府皆不同意採取此方針，俄國政府亦不欲為之。故勸告清國公使可直接與日本交涉講和。」[121]據此，西德二郎斷定，俄國和法、德兩國一樣，皆無意參加這次調停。

日本政府仍然擔心，英俄之間是否達成了某種默契。11月12日，在倫敦舉行的一次宴會上，英國首相羅斯伯里在發表演說時提到中日戰爭問題，他說：「當英國與俄國採取相同的方針，用給日本以榮譽並使清國不蒙受重大損害的條件，而使戰爭停止的穩妥辦法時，英國政府必將欣然同意。」27日，美國國務卿格萊星姆又向日本駐美公使透露：「英國政府遞交一份照會，內有『如取得俄國同意，英國政府可將清國所欲提出之一切條件，向日本提議』之語。」羅斯伯里的演說和英國的照會不能不使日本政府感到疑慮重重，放心不下。28日，陸奧宗光向西德二郎發出電訓：「俄國政府是否果真接受了英國政府的提議？如已接受，須暗中查明俄國之意圖如何，急速電告。如閣下再以間接手段，探知俄國政府不參與英國的聯合行動一事，則為政府之切望焉。」透過各方試探，日本政府終於知道，所謂「英俄兩國聯合干涉之說，只不過是傳聞而已」[122]。羅斯伯里也公開承認：「歐洲兩三大國都認為現在對中日兩國進行調停尚非時機，因而英國亦將尊重這個意見。」[123]

---

[121]　《日本外交文書》，第27卷，第817、833、836號。
[122]　《日本外交文書》，第27卷，第833、834、835、840號。
[123]　陸奧宗光：《蹇蹇錄》，第109頁。

第二節　列強調停之聲再起

美國雖然和「歐洲兩三大國」一樣，再次拒絕英國的聯合調解建議，但是它卻表示願意承擔「單獨的調停」。11月6日，格萊星姆一面訓令駐中國公使田貝，向中國表示美國「隨時可以在雙方都體面的條件下出面調停，以結束目下的對日戰爭」；一面訓令駐日本公使譚恩，向日本政府遞交一份照會，其內稱：「若戰爭延長，無法節制日本海陸軍進攻時，與東方局勢有利害關係的歐洲列強，難免不向日本提出不利於日本將來安寧和幸福之要求，以促成戰爭的結束。美國總統對日本一向懷有最深篤的善意，若為東方和平，在不損害中日兩國雙方的名譽下盡力調停時，未悉日本政府是否同意？請予答覆。」[124] 格萊星姆在向駐中日兩國公使發出訓令的兩天前，曾與美國總統克里夫蘭（Stephen Grover Cleveland）徹夜商談，確定美國政府的調停原則。第二天，又和日本駐美公使栗野慎一郎詳細地交換意見，並且達成一致的諒解。格萊星姆向栗野慎一郎宣布美國政府的「調停四原則」：一、因有歐洲各國欲聯合干涉日清戰爭，其結果不無不利於日本之慮，出於對日本之友誼，並謀求兩國之和平，故欲進行公平調停之嘗試；二、自日清開戰以來，日本海陸軍連戰皆捷，日本國之武威業已輝躍於宇內，故今日之調停毫不損害日本之名譽；三、如日本受到他國干預，而與英國或其一二盟國有啟釁之事時，合眾國政府和人民之一般情誼則在日本一邊；四、合眾國政府為友誼而進行調停時，絕不容英國插手其間。隨後，栗野慎一郎在向陸奧宗光報告時便極力稱讚美國政府。他說：「該國政府對日清兩國之調停如此熱心，並預防歐洲各國為一己之私利而強行干涉，以全日本之威望，無疑實出於對帝國友好之厚意。」[125]

---

[124]　陸奧宗光：《蹇蹇錄》，第111頁。
[125]　《日本外交文書》，第27卷，第814號。

第四章　清政府加緊乞和與美國居間

陸奧宗光接到美國的照會和栗野慎一郎的報告後，也認為美國政府的立場「毫無疑問是公正無私的」，但又考慮到戰爭的進展仍未達到預定要求的地步，而且「國內主戰的氣勢毫無減弱，現在即開媾和談判，時機尚嫌過早」，因此想像前次回覆英國那樣，暫時推遲對美國的答覆。尤其是日本生怕第三國在議和時介入，始終「將問題嚴格局限在中日兩國之間，使第三國在事前絕無插足的餘地」[126]，更感到對此事必須慎重。

一個星期過去了，日本政府仍無反應。栗野慎一郎有點沉不住氣了，再次致電陸奧宗光，勸告說：「應聽從合眾國之調停，因為該國輿論不僅大為偏袒日本，而且大總統亦因其國內策略與一己之友情，而始終盡力於使日本滿意之事。」[127]陸奧宗光雖然認為栗野的意見不無道理，但讓美國以調停者的身分出現是不符合日本的政策的。11月17日，他將下述備忘錄送交譚恩：

日本政府對於欲為中日兩國之和睦盡力調停之美國政府之厚意，深為感謝。唯自交戰以來，帝國的軍隊到處獲勝，今為息止戰爭，以為無乞助友國之必要。然帝國政府非欲乘勝超越此次戰爭之正當結果之定限外，逞其欲望。但在中國政府尚未直接向帝國政府乞和前，帝國政府不能認為已達上述定限之時機。[128]

日本政府為炮製這份備忘錄而費盡心思，先由陸奧宗光提交內閣會議充分討論，然後才呈送明治天皇裁可。這樣，日本既婉言謝絕了美國的調停，又將其繼續擴大侵略戰爭的責任反加在中國身上。至於備忘錄

---

[126]　陸奧宗光：《蹇蹇錄》，第111、117頁。
[127]　《日本外交文書》，第27卷，第823號。
[128]　《中日戰爭》（七），第455頁。

第二節　列強調停之聲再起

中「不超越定限之外」一語，據陸奧宗光自稱，「是為消除當時歐洲各國認為日本將乘勝使中國陷於崩潰的疑慮而特意加上的」[129]。真可謂狡黠之至！

日本政府反對第三國介入，拒絕了美國的調停，卻又感到美國有可用之處。陸奧宗光認為：「中日戰爭不能無限期延長下去，媾和談判的時機遲早會成熟，那時對於第三國的公然調停雖無必要，但若有某一國從中周旋，尤其是能成為一個互相交換意見的中介是非常便利的，而擔當這個中介的當然沒有比美國更為合適的了。」無非是想讓美國僅僅充當一個居間傳信人的角色。他在致送備忘錄時，又以私人談話的形式對譚恩說：

> 目前日本政府如果公開請求美國政府為中日兩國調停，可能引起其他第三國的干涉，所以不得不暫時避免此事。將來中國如果願意開始媾和談判，而美國也願意為彼我周旋交換雙方意見的便利時，中國政府深願倚賴美國的厚誼。[130]

陸奧宗光的談話，既點明要中國先提出講和，又婉轉地把美國的作用限制在傳遞中日雙方的意見上。對此，譚恩心領神會，當天電告格萊星姆說：「日本外務大臣請求於中國對和平問題希望與日本接洽時，經由北京美國公使館辦理。」20日下午3點，美國駐華公使田貝即至總理衙門通報：「我的政府通知我說，日本可以考慮中國透過我向它直接提出的和平要求。」並特地說明：「我只要做一個中間人……日本既然不希斡旋，而是要考慮中國『直接』提出的條件，所以我預備把中國的提案

---

[129]　陸奧宗光：《蹇蹇錄》，第112頁。
[130]　陸奧宗光：《蹇蹇錄》，第111～112頁。

第四章　清政府加緊乞和與美國居間

用密碼送達東京美國公使，再由他轉送給日本政府。」[131]

清廷唯恐和議之不速，當然求之不得，立即表示同意。於是，從西元1894年11月22日起，直至1895年6月，計7個月間，田貝、譚恩二人一直是中日兩國間傳遞消息和交換意見的中間人。

三　德璀琳東渡的內幕

清政府請求列強調停後，急切地等待答覆。中國駐西方國家的使臣也奉命往訪各國外部，進行遊說。11月5日，清朝駐英公使龔照瑗與英國外交大臣金伯利會晤，金伯利告以：「前以韓自主、償兵費調停息事，倭不允。英廷又因各國不盡同心，遂未另商辦法，今不便再與倭重申前議。」龔照瑗懇請說：「事關各國大局，總望切商各國持公論。」金伯利答：「向來有要事，英先與俄商。當即電俄，俟電覆，再酌電各國。」[132]6日，龔照瑗又至法國外交部，得到的答覆是：「即電商各國。」[133]7日，總理衙門接駐美公使楊儒電：「據美國國務卿格萊星姆稱，『總統已允調處，即日電駐日本使備陳利害，勸其息兵，但不會同各國』」[134]。英、法兩國既皆含糊其辭，並無明確的答覆，而美國雖允單獨調處，但日方態度如何尚難預卜，這不能不使樞府諸臣陷於惶惶不安之中。

就在此時，旅順前敵傳來警報，奕訢、奕劻等益感各國調停緩不濟急，有另謀救急之策的必要。試看翁同龢11月8日、9日兩天的日記：

---

[131]　《中日戰爭》（七），第455～456頁。
[132]　〈龔大臣中英法往來官電〉，《中東戰紀本末三編》第2卷，第51頁。
[133]　《東行三錄》，第180頁。
[134]　《清光緒帝朝中日交涉史料》（1916），第23卷，第24頁。

第二節　列強調停之聲再起

11月8日:「詣巡防處,見北洋丑刻電,南關嶺已失,徐邦道敗退,旅順僅半月之糧,此絕證矣。仍發電,令合肥速援,毋坐視。談密事,直至黃昏,月上始歸。」

11月9日:「寅初二(刻)到直房,電報已不及看矣。寅正,偕孫兄(家鼐)入見。旋見起二刻餘。退後,聞寧壽(宮)叫起,趨往。而恭邸又到直房看折。內侍云:『先在上前見起。』乃回直房。良久,見於養心殿,兩邸(奕訢、奕劻)及李公(鴻藻)(同)。邸以昨事上陳,上可之。出,再詣蹈和門。巳正,入見於寧壽宮,四人(兩邸、翁同龢、李鴻藻)一起,軍機一起。恭邸奏昨事,太后遍詢臣等。臣對:『釋疑忌則可,其他未敢知,且偏重尤不可。蓋連雞不飛,亦默制之法。』凡四刻,乃退。是日,恭奏對語頗雜,不得體,余不謂然。出至直房,孫(毓汶)、徐(用儀)擬密寄,自書之,不假章京手,待遞下,未初三刻矣。余攜之赴督辦處,兩邸咸在,樵野(張蔭桓)亦來,當面交訖。申正,余與邸語不洽,拂衣先歸。」[135]

　　清廷內部為這件「密事」連日緊張萬分,樞府諸臣先是漏夜籌商,第二天光緒帝在養心殿召見奕訢等4人,繼之慈禧又在寧壽宮分兩起召見奕訢等和軍機大臣,隨後孫毓汶、徐用儀二人親擬「密寄」而一反常規地不假章京之手,再由翁同龢面交張蔭桓,從凌晨3點半到下午4點整整忙碌了12個多小時,可見它是多麼重要了。當時,翁同龢對所議「密事」是持反對態度的,「偏重尤不可」,而寧可同意「連雞不飛」的「默制之法」。那麼,「密事」究竟所指為何?翁同龢的「默制之法」又是什麼?原來,所謂「密事」,就是決定特派大員直接與日本議和,由張蔭桓等親至天津與李鴻章商談如何開議,以救燃眉之急。顯然,翁同龢是不

---

[135]　《翁文恭公日記》,甲午十月十一日、十二日。

第四章　清政府加緊乞和與美國居間

同意主動與日本直接開議的。他主張，在束手無計中仍以等待各國調停為好，庶可使列強互相牽制，這就是所謂「連雞不飛」的「默制之法」。最後還是決定派戶部左侍郎、總理衙門大臣張蔭桓和督辦軍務處文案景星前往天津。

11月10日，張蔭桓和景星帶著奕訢等的密函抵天津。這封致李鴻章的密函中說：「閣下數月以來，獨任其難，九重業已深悉。此時應如何設法以期了結之處，閣下受恩深重，義無旁貸。且係奉旨歸我等數人辦理，必可合力維持。」[136] 當天，李鴻章又接到「密寄」，其中有云：「須亟籌救急之方，現各國雖允出為調停，深恐遠不濟急。」[137]

開始，李鴻章似主張暫緩直接派員往日本商談。他在11月11日發給奕訢的電報便反映了這種觀點：「竊揆各國情形，探知俄已調集鐵艦、快船並運船多只來海參崴（符拉迪沃斯托克），蓄勢不小。英初頗暱倭，近稍齟齬，聞密諭其水師提督，如倭犯吳淞、上海，即盡力攻打。法隨俄意，故亦幫同排解。德、美則稍觀望。我唯加意籠絡俄、英、法，俾共出力，倭或小知懼縮。俄主新喪，稍遲當有舉動。此間英人某，略知倭情，姑令密往探詢其首相伊藤若何意見，倭欲甚奢，似欲奪灣，旅為要挾賠償之地。」[138] 他認為，日本欲望甚奢，不容易滿足，而列強干涉有望，不如稍為等待。幾天後，李鴻章獲悉日本「有不願局外居間之語，各國心志亦未齊」，才發現自己的猜測過於樂觀。經過與張蔭桓反覆商議，得出了「遣諜逕達伊藤較聯衡說合為捷，仍與署辦並行不悖」的結論。又因「敵欲太奢，未易湊拍」，故建議「巴蘭德（Max

---

[136]　〈恭親王等致李鴻章密函〉，《李鴻章未刊稿》（抄本）。
[137]　《李文忠公全集》譯署函稿，第20卷，第56頁。
[138]　《清光緒帝朝中日交涉史料》（1946），第23卷，第34～35頁。

第二節　列強調停之聲再起

von Brandt）前議宜速行，以助力」。[139] 巴蘭德本是德國外交官，早年來中國，後任駐日本公使。又調任駐華公使，至西元 1893 年卸任，前後任職達 18 年之久。巴蘭德久居中國，是著名的「中國通」，且與清政府要員多有往來，卸任回國後仍聯絡不斷。所謂「巴蘭德前議」，就是聘請巴蘭德「就任中國駐歐洲特命全權公使」[140]，加強在歐洲列強間的外交折衝，以期聯合調停得以實現。可見，張蔭桓與李鴻章商定一個雙管齊下的辦法，就是一面加意籠絡歐洲列強「俾共出力」，一面直接派員赴日「逕達伊藤」。

那麼，派何人到日本去呢？李鴻章選中在津海關擔任稅務司的德人德璀琳。他於 11 月 13 日致函奕訢稱：

> 六七月間，曾聞日人之意非不願款，但欲中國自與商辦，而不願西人干預。目下彼方志得氣盈，若遽由我特派大員往商，轉慮為彼輕視。鴻章與樵野（張蔭桓）等再三斟酌，唯有揀擇洋員之忠實可信者前往，既易得彼中情偽，又無形跡之疑。查有津海關稅務司德璀琳，在津供差 20 餘年，忠於為我。六年俄事，十年法事，彼皆暗中襄助。十一年伊藤來津與鴻章訂約，該與伊藤幕友某英員相識，從旁贊導，頗為得力。若令其前往察酌辦理，或能相機轉圜。否則，暫令停戰，以待徐商，亦解目前之急。如以為可，擬由鈞處迅速請旨派往，以重事權。該洋員到日後，一切籌議情形，隨時電商，即轉達鈞署裁奪。是否有當，悉候主持。未盡之言，均由野樵兩君面陳。[141]

---

[139]　《清光緒帝朝中日交涉史料》(1953)，第 24 卷，第 1 頁。
[140]　《中國海關與中日戰爭》，第 72 頁。
[141]　《李文忠公全集》譯署函稿，第 20 卷，第 56〜57 頁。

第四章　清政府加緊乞和與美國居間

16日，張蔭桓和景星回到北京，即至軍務督辦處報告德璀琳東渡事。此時，清政府求和之心極為迫切，立即批准了這個方案。

11月21日，李鴻章致函奕訢等，告知德璀琳赴日後的計畫：「密約所知倭人，中途探商，再行往晤伊藤。……如倭人願望太奢，再電巴（蘭德）登新報，遍告各國，愈見東洋無理取鬧，屆時或聳動各國出而彈壓調處。如果伊藤肯與商量，不受其屬下自由黨人挾制，或先停戰，或徐議和，即不煩各國調停矣。」[142] 當然，這只是李鴻章一廂情願的想法。

在奕訢等人看來，這不失為救急之方，當即電詢德璀琳行期，意在促其速行。結果，德璀琳到日本後吃了閉門羹，只好悵然而返。李鴻章的這步棋算是白下了。

---

[142]　〈李鴻章致恭親王等函〉，《李鴻章未刊稿》（抄本）。

第三節　敗績聲中發生的幾起涉外案件

一　法國傳教士趙得夏被害案及其處理

中國近代發生的教案數以千計，而唯一發生在中國境外的教案就屬趙得夏被害案。

先是在 8 月 13 日和 25 日，法國駐華公使施阿蘭先後兩次到總理衙門聲敘，法國住朝鮮之傳教士趙得夏在公州地方被葉志超部下兵勇殺斃。總理衙門以「茲值用兵之際，就異地查辦實屬非易」等語來搪塞。8 月 31 日，施阿蘭正式送交照會稱：

> 本大臣當即以此事乃本國駐韓大臣報明，中國家當作真信，且甚惜之。加以葉提督之軍當時既住公州，有七月二十六日上諭可證。在提督於部下之兵如此行為，亦必能有所聞。現奉中國家電飭：將傳教士被戕其咎重大，專為貴國宣告，其殺斃教士之兵，催令迅速嚴為懲辦。並如何處治之處，以諭旨告示宣布咸知。至若身死應獲持平補報，俟中國家酌核，再行續達。[143]

總理衙門這才不敢怠慢，立即致電李鴻章轉飭葉志超查復。

9 月 2 日，葉志超電稱：「我軍過公州，一路且戰且走，所擊皆倭人執械對敵者，並未見法國一人，亦未聞公州設有教堂。」表示根本不知道有此事。27 日，施阿蘭再次照會總理衙門，反駁葉志超之說，並列舉朝鮮統理衙門大臣金允植接到的公州地方官報、法國駐朝鮮辦事大臣、

---

[143]　《清季中日韓關係史料》，第 6 卷，第 3536 頁。

第四章　清政府加緊乞和與美國居間

水師提督及朝鮮主教的諮報,「均憑實據,可知教士若所(即趙得夏)於六月二十七日(西曆7月29日)近在公州經中國兵殺斃」。照會還根據當時目擊者的證言詳細地敘述趙得夏的被害過程:

> 緣趙教士於六月二十五日早自全州騎馬啟程,僅有馬伕一人跟隨,偕往漢城,於二十六日下午渡公州河越40里至廣程店住宿。迄二十七日早,復行就道,適與中國軍由牙山戰後退往公州者相遇。前者不但未加阻止,抑且開隊讓行。而至稍遠有朝鮮人與中國軍同行者,指告令捕送提督前。該中國軍號衣書寫正定前營步卒什長等字。……至提督與中軍營將各將渡河,趙教士亦欲同舟渡去。而忽有兵前來,將伊強行擁推,令上已滿之船。登岸後,又有一兵雙手箝拿教士之首,復有以刃刺腰,並將伊兩臂挽回背後。而趙教士伏首倒地,兵丁以刀屢砍,一刀擊項,又一刀擊破頭顱,致腦漿湧出,至五刀教士始死。時已傍晚5點鐘。教士倒臥在河之南岸沙地,是公州法場也。教士之馬伕先受刀傷兩處,又緊擊背後槍傷二,是以身故矣。……迄六月二十九夜間,朝鮮教民二人本係在場目睹者,始能暗中將兩屍埋葬,並詳為報明其事。此係傳教士趙得夏被害由目睹人證詳報之實在情形也。[144]

此後,施阿蘭屢次催詢總理衙門,總理衙門才於12月23日答稱:「查此事出在朝鮮兵亂之時,該教士究竟如何身死,並無確切證據。現在葉提督已革職治罪,兵丁或死或散,更屬無從質對,本衙門實屬無從辦理。」施阿蘭仍緊追不捨,要求一面「訊明」、一面「允明撫卹」。此時,已根據勇丁號衣字樣為線索,究出正定前營什長鄭發祥。鄭發祥供認曾殺日探一名,正與趙得夏被害之時日相符。因此判定其為凶手無疑,當照軍令將鄭發祥正法。於是,總理衙門答應:「酌照英教士遼陽

---

[144] 《清季中日韓關係史料》,第6卷,第3558、3624、3625頁。

第三節　敗績聲中發生的幾起涉外案件

被害成案，擬訂恤銀 7,000 兩，以免久懸莫結。」施阿蘭提出恤款在巴黎以法銀交付，因「中國銀市日久參差」、「其款應訂作為法銀 3 萬法郎交收可也」。[145] 後經江海關將款電匯巴黎，由慶常轉交法國外交部，此案才算了結。

二　扣留巴山軍火船引起的風波

甲午戰爭爆發後，英國政府頒布《局外中立條例》四款，其第一款開宗明義地指出：「停戰以前，凡戰國兵船不准在英地各口岸如常駐紮，或常川往來，或備辦軍需。」這個條例對於「局外中立」的解釋比較籠統，用詞亦甚含混。即如「軍需」一語，是否包括軍火？僅從字面上是說不清楚的。其他局外中立國家如西班牙，對於「局外中立」的解釋便較為實際明確。如稱：「局外之國，反不應當稍為干涉戰攻之事，或阻止戰機，且應禁止誘僱人軍，備船巡海，擒虜船隻，扶助接濟，偷走戰用私物。總之，斷不得行為何事，以致與戰機稍有關涉也。」[146] 對比之下，可以看出英國所頒布的《局外中立條例》非常草率，這當然不是偶然的。

先是，清政府接新加坡總領事黃遵憲電，稱：「有英國船滿載藥彈，本日出口赴倭，能否就近設法截拿？」[147] 於是，諭旨飭令嚴密巡查。臺灣巡撫邵友濂當即派南琛兵船和斯美官輪出洋巡緝。據知，這批從新加坡出口的軍火船共 4 艘，其中「有三艘所運軍火甚夥，價值較巨」，從臺

---

[145] 《清季中日韓關係史料》，第 6 卷，第 3935、3943、3947、3971 頁。
[146] 《清季中日韓關係史料》，第 6 卷，第 3575、3661 頁。
[147] 《中日戰爭》續編（五），第 110 頁。

第四章　清政府加緊乞和與美國居間

灣洋面以東逕赴日本；唯巴山輪「裝載有限之軍火」[148]，因有貨物運往上海，故經臺灣海峽北駛。9月20日下午3點，斯美先在福建白犬列島，遙見東南海面有一無旗號之輪船，隨即升號知會南琛，「向前緊跟所見之船」。此時，南琛「扯通旗語，囑令所見之船停輪」，但該船不聽，繼續航進。南琛放空炮兩響，仍不停輪，「旋見彼船扯起英國旗號」。[149] 南琛再放空炮一響，該輪始停駛。南琛管駕袁九皋派員過船，拿回船牌和貨單，始知此船名巴山（Pathan），原來這是英商天祥行的貨輪，租與美國紐約的霸伯公司，裝載貨物運往亞丁、新加坡、(中國)香港、上海和日本的兩個港口。7月28日從紐約啟程，在亞丁和新加坡靠岸後駛往香港。9月13日，又從香港駛向上海。[150] 查閱貨單，發現「該船載運槍、彈及日本鐵路等件，並有松香等項違禁之物，顯屬有背公法」[151]，便令其展輪隨行。袁九皋派幫帶上巴山輪察看槍、彈等件，但巴山船長堅稱「並未裝有該項軍火」。及至同閱貨單，巴山船長始改變語氣，問：「我將手槍、槍彈取交，可否放我開船？」幫帶答曰：「船主起初不認裝有軍火，此時看過貨單始肯承認，情跡可疑，應令同往臺灣候查。」巴山船長詭言：「煤不夠燒，不能駛到臺灣。」幫帶謂：「此去臺灣只300餘里，爾船上燒煤既可駛往上海、東洋（指日本），何至駛往臺灣轉有不敷？」[152] 巴山船長理屈詞窮，始表示願到臺灣聽查。

　　9月21日抵臺灣基隆後，袁九皋稟請臺灣巡撫邵友濂派員開艙查驗。22日，邵友濂即電淡水海關副稅務司英國人馬士（Hosea Ballou

---

[148]　《中倭戰守始末記》，第3卷，第20頁。
[149]　《中日戰爭》續編（五），第111～112頁。
[150]　《中日戰爭和三國干涉(1894～1895)》，第15頁。
[151]　《中日戰爭》續編（五），第110頁。
[152]　《中日戰爭》續編（五），第111～112頁。

第三節　敗績聲中發生的幾起涉外案件

Morse),「飭基隆關洋員速赴英船,將所運軍火等件搜檢起卸」,並商其本人「親往照料,務令實數起獲」。23 日,袁九皋會同馬士赴巴山輪開艙查驗。是時,「基隆口外風浪時作」、「起駁甚難」,巴山船長拒絕進口,並在搜查時「節節為難」[153]。馬士已覺察到巴山船長似不肯善罷甘休,甚至會「要索賠補」,因此於 24 日覆電邵友濂謂:「如要查實,非各貨逐件盤驗不能,唯該船所載,除舊銅 5,000 餘擔外,貨物尚有 1 萬餘件,其往日本之貨不過數百件而已。此船因先往上海,其上海貨均在艙面,日本貨係在艙底,若要查驗日貨,必將申(上海)貨全行起卸,方可細查。但此船太大,不能入內,在基(隆)固無駁船如許之多,又無棧房可以暫積,實難設法。」並提出三條建議:一、「在上海將此手槍、彈子交出,如無貨交,賠銀 1,000 元」;二、「至謂仍有軍火藏匿船內」、「俟申貨起完,請上海道將其日貨逐件細查,有否便知」;三、「該船有鐵路物料等件」、「准可罰充入官,因日本鐵路俱係官辦,此項非商家之貨故也」[154]。馬士此電雖不無推卸責任之嫌,然其建議大致尚屬可行,有利於迅速處理此案,以避免造成英方索償的藉口。邵友濂要電請總理衙門核示才能照行,一時難以作出決斷。

　　與此同時,英國駐淡水代理領事金璋(Walter Edmund Grigsby)也打電報給英國公使歐格訥,報告巴山船事件的經過。巴山船長自恃有其國領事撐腰,開始尋釁鬧事,製造查驗的障礙,甚至揚言「情急自盡」[155]。9 月 26 日,邵友濂二次派員上巴山輪查驗,發現下艙有砲

---

[153]　《中日戰爭》續編(五),第 112、309 頁。
[154]　《中日戰爭》續編(五),第 113～114 頁。
[155]　《中日戰爭》續編(五),第 115 頁。

第四章　清政府加緊乞和與美國居間

彈。[156]此時，巴山船長「將艙門封閉，不肯啟查」。27日，邵友濂飭委員停搜，令巴山輪駛入基隆口內停泊。同日，總稅務司赫德亦致電馬士，請其出面，商令將船駛進口內。可是，此日驗到下艙，巴山船長仍然拒絕查驗。這樣，查驗巴山輪載運軍火濟日事便陷於僵局。

直至此時為止，總稅務司赫德的態度似乎還是持平的。9月28日，他又致電馬士，重申對巴山輪的處理意見：「若船上查有軍火，無論多寡，應照局外章程，所有船貨人均應辦罪。故船可扣留，候案了結。」同日，總理衙門電示邵友濂檢查巴山船有無另存軍火。邵友濂接到電示，當即通知金璋「飭令船主人等暫時登岸，妥為看管」。金璋表示，此事須請示本國公使。30日，英國公使歐格訥回電云：「巴山船所獲軍火應歸中國，其餘船貨取保駛往上海。」[157]10月1日，歐格訥再次電催將該船取保前往上海。同時，赫德的語氣也發生了微妙的變化，提出「將有能看見的軍火應扣留充公」、「該船主應在領事官前立保單，直路開往上海審明定奪」[158]。看來，赫德已經改變原來的態度，開始附和歐格訥的意見了。

就在此時，突然冒出一個賀璧理（Alfred Edward Hippisley）來。賀璧理是英國人，時任江海關稅務司，在中國海關很資深，被認為是赫德的準繼任人。他打電報給馬士，公然袒護巴山船長，聲稱：「該船無錯，應速放行。」賀璧理的電報，是英國方面態度轉趨強硬的一個訊號。馬士將賀璧理的電報轉告於邵友濂。邵友濂既沒有及時考慮歐格訥和赫德

---

[156]　事後英國方面辯解說，搜出的炮彈是「假想的炮彈」，實際上是兩個紡織廠用的滾筒。見《中日戰爭和三國干涉（1894～1895）》，第15頁。
[157]　《中日戰爭》續編（五），第115～117頁。
[158]　《中日戰爭》續編（五），第117頁。

第三節　敗績聲中發生的幾起涉外案件

的處理意見，對賀璧理的電報當然更不屑理睬，仍堅持「盡力搜艙後再行商辦」，卻又不能將這個意見堅持到底。10月3日，邵友濂接金璋來電，該電稱：「昨晚奉本國欽差（歐格訥）電諭，以巴山此案中國官所辦實屬有違公法，致有追賠鉅款之舉。如果地方官再不急將該船釋放，本國必力為設法以保商情。……倘至明日12點未得釋放明文，本署只得電稟欽差察照。」英國公使不但措辭強硬，而且限定放船期限，使邵友濂感到了壓力，一時不知所措。他立即致電金璋要求會晤，以期爭得轉圜之餘地。英國領事避而不見，僅致一函表示只能遵照英國公使之命而行，要求次日放船。4日，英國領事進一步恫嚇邵友濂，謂：「本日12點鐘以後，不能再作和好之國辦理。」至此，邵友濂再也不敢有片刻遲疑，即時命將船牌、貨單發還，「將彈、槍三箱釦留，餘貨悉數交還」[159]，並通知放行。5日下午，巴山輪駛往上海。

巴山輪在基隆扣留凡14天，本來已知該輪裝載3箱軍火及鐵路物料等軍用物資，並發現其下艙裝有砲彈，已構成違犯《局外中立條例》罪，中國將其扣留查驗是完全合乎國際公法的。由於巴山船長不服查驗，製造重重障礙，使查驗工作難以進行。臺灣巡撫邵友濂處理此案亦欠果斷，既不敢下決心徹底查驗，又未能及時提出切實可行的處理意見，以致因循徒費時日。及至英國方面進行要挾，卻不敢據理力爭，當即屈服於對方的壓力而將巴山匆忙釋放。這樣一來，更加助長了英國方面的氣焰，從而使中國在此後的交涉中處於不利的地位。

巴山輪從基隆起航後，邵友濂即致電蘇松太道劉麒祥，請其在巴山輪抵滬後查驗是否還有軍火。劉麒祥接電後一面函致江海關稅務司賀璧

---

[159]　《中日戰爭》續編（五），第116～120頁。

第四章　清政府加緊乞和與美國居間

理詳細查明，一面函致英國駐滬「大英按察使司衙門」按察使兼總領事韓能，屆期派員到關查驗。10月10日，查驗工作正工開始。

在巴山輪能否起出軍火，關係匪淺。劉麒祥理應帶幹練員弁親臨現場，嚴密監督此項工作的進行。何況他已察覺稅司人等不甚可靠，豈不更應引起高度重視而採取得力措施？然而，他卻僅派英文翻譯鳳儀前往江海關，會同賀璧理查明辦理。本來，賀璧理對查驗巴山輪軍火一事即持反對態度，指望他「詳細查明」豈非異想天開？實際上，即使鳳儀忠於職守，態度認真，也很難把問題真正查明。巴山輪吃水過深，停泊吳淞口，須靠駁船載貨進抵虹口招商局碼頭，而靠鳳儀一個人會同查驗，連跑都跑不過來，又能查明什麼問題呢？所以，此次查驗工作完全操縱在賀璧理手中，其結果如何也就不難預期了。

在查驗工作開始的前一天，英國方面便提出索償的強硬要求，企圖阻難查驗工作的正常進行，並動搖中國官員查驗的決心。英國總領事韓能向蘇松太道發出照會，稱：「茲據代該船東經理人天祥行稟：該船及貨物被扣留受損，無論現在將來，如因致遭虧折之處，定向中國索償。……理合據情先行照會，並將本總領事力助該行索償之處，照請貴道查照施行。」查驗工作開始後的第二天，賀璧理又致函劉麒祥，提出以下實際意見：首先，他強調要把「軍火」的概念限制一下，因「所飭扣留軍火，不知何項為軍火違禁之物」。他認為，「只能照善後條約第三款所載，火藥、大小彈子、炮位、大小鳥槍並一切軍器，方可扣留，其餘貨物應准放行」。按照他的解釋，不僅巴山輪所載的松香、「鐵路物料」等成為不違禁的，而且其他一切軍需物資，都被排除在違禁品之外了。其次，他斷定除在臺灣已經扣留者外，巴山輪再無裝載軍火的可能。其

第三節　敗績聲中發生的幾起涉外案件

根據有二：一是該船貨單「一一詳列，一望而知」、「並無別項軍火在內」；二是該船於六月二十六日（7月28日）從紐約起航，「計時尚在中日開仗之前」，故貨單對軍火「無庸諱言」。其中，主要是第二條根據。賀璧理在這裡扭曲了事實，即把七月初一（8月1日）中日宣戰算作兩國開仗的時間。其實，日本海軍於六月二十三日（7月25日）就在豐島海面對中國海軍發動突然襲擊，而且擊沉英國商船「高陞」號，早在巴山輪起航的前三天仗就打起來了。像這樣轟動世界的特號新聞，難道紐約會不知道嗎？因此，賀璧理斷定巴山輪別無軍火的理由是根本站不住腳的。再者，賠償一定為不可免之事，為少償起見，對巴山輪運往日本貨物不如免查。最後，謊稱經過察看，運往日本貨物應無可疑之處，說什麼「本關趁暇到船檢視，所裝日本各貨大略雖不如起驗之細，當亦可以得其梗概也」[160]。由此可見，在查驗工作伊始，便演出一場並不高明的鬧劇，劇中的兩名主角便是韓能和賀璧理。他們配合默契，其目的就是千方百計地阻撓查驗巴山輪的運日貨物。

與此同時，英國公使歐格訥也公開出面阻難查驗工作。10月13日，歐格訥親到總理衙門，提出中國此次捕留巴山商輪「未合公法」。18日，又照會總理衙門，進一步以中國無「戰利法院」來否認捕留巴山輪的合法性：「若無戰利法院，則局外之國不許戰國捕其船隻。設或有戰利法院而番（判）斷未合，局外之國仍可向戰國討船索賠。是戰國即有捕船之權，亦須承擔其責。倘有錯誤，即唯捕船之國是問。即如此案，無論何等局外之國，均不能認戰國似此相待巴壇（山）商輪光景。」就是說，英國方面橫豎都是理，至於中國，無論有無「戰利法院」，均「須承

---

[160]　《中日戰爭》續編（五），第313～314頁。

第四章　清政府加緊乞和與美國居間

擔其責」。並且還以索賠鉅款相威脅:「該船因捕留之故,索賠款數日有加增,尚不能定其確數。觀其船身匪小,載貨甚多,而索賠之數想不能少。況貴國如此誤辦,而歐洲輿論恐不能翕然許可也。本大臣顧念敦睦之誼,奉勸貴王大臣即早在滬將該船釋放,定其賠償之數,速結此案。」[161] 歐格訥的這件照會,更從根本上動搖了清政府查驗巴山輪運日貨物的決心。

實際負責查驗工作的劉麒祥,則一直忙於筆墨交涉,對實際問題卻一竅不通。當劉坤一指示「應將可疑之箱照章辦理」之後,他仍然不敢下決心查驗,反倒徵詢賀璧理對此有何意見,實際上是把決定查驗之權交給賀璧理。賀璧理的答覆很乾脆:「查平常進出口輪船,除在本口所卸各貨應由本關按照艙單查驗放行外,所有卸剩載運各口各國之貨概不過問。向來並無查驗過境可疑箱件之章,……日本如有軍火,自然逕運日本,絕無轉滬之理。今巴山船所剩運日本貨件,查其艙單並無軍火。如果謂其可疑,本關無章可照將其開驗。如奉札飭,方可照辦。」一方面斷言「並無軍火」,一方面聲稱「無章可照將其開驗」,反正是查驗不得!而劉麒祥既不敢承擔開箱查驗的責任,又怕上司怪罪下來,乃問計於賀璧理,以便上報交差。到 10 月 18 日,巴山輪只剩下運日貨物了。賀璧理已經摸透了麒祥的想法,便在此時回覆劉麒祥說:「所有卸剩運日貨物,究竟應否一併起查,還是兼須逐一開驗?雖曾函詢貴道,但迄未奉有切實明示,事關重要,不便擅奪。」他不正面答覆劉麒祥所提出的問題,反而要求劉麒祥作出「切實明示」,並特地加上「事關重要,不便擅奪」一句,使本來就害怕擔此風險的劉麒祥更急欲及早卸下肩上的

---

[161]　《中日戰爭》續編(五),第 478～479 頁。

第三節　敗績聲中發生的幾起涉外案件

這副重擔。賀璧理看火候已到，便拿出「總稅務司電諭」：「此事如英總領事可出該船實在並無日本軍火公文，即可停驗放行。」並轉告英國總領事的答覆是：「本總領事亦願藉此可以了結此案。且據該船主所稟，並照所有在案單據，實可決其必無軍火在內，故可准照辦理。至如該船因被扣查所受耽延時日，以及各貨損傷之虧，並以復如多擱一日即多一日之費，應由中國賠補。」[162] 劉麒祥聽說有總稅務司的「電諭」，英國總領事願出巴山輪並無日本軍火公文，不禁喜出望外。清政府也怕惹出更大麻煩，希望早日了結此事，已電令巴山輪運滬之貨一經卸完，即行釋放。當天，劉麒祥即函告賀璧理將該輪出口日期報查。這實際上是允許巴山輪出口的通知。26日黎明，巴山輪由上海起碇前往日本。

本來，巴山輪所裝運日貨內必有違禁軍火及軍用物資。甚至連淡水關稅務司馬士也認為，除已查知的3箱槍、彈外，其「鐵路物料等件」皆應「罰充入官」。但是，清朝當局卻「怕」字當頭，怕賠償償金，怕引起交涉，視委曲求全以息事為最上之策。在這種觀念指導下，明明賀璧理宣告「尚未起查」，卻說他「查明並無軍火」；明明英國總領事只是根據巴山船長所稟的貨單而斷「其必無軍火在內」，卻也即承認「船無軍火」。於是，連英方提出的「各貨損傷之虧……應由中國賠補」的無理要求也顧不得駁辯，就匆忙將巴山輪放行了。那麼，停驗放行就能了事嗎？不會的。既然中國方面承認巴山輪運日貨物內「並無軍火」，而且船已離港再想查驗也不可得，英國在交涉中也就更加有恃無恐，它怎麼肯就此罷休呢？

巴山輪駛離上海港後，英國方面果然正式提出了索償的要求。11月

---

[162]　《中日戰爭》續編（五），第316～317頁。

第四章　清政府加緊乞和與美國居間

3日，歐格訥向總理衙門發出照會，其重點仍然是指責中國如此扣留船隻不合公法，「必有索賠之請」[163]。總理衙門的復照，則針對來照中「不合公法」的說法予以反駁，指出該輪「實多有可疑之處：其一，西國新報明稱，巴壇（山）船早經英國售與日本，船價已付，各國皆知。其二，局外商船均應有並無濟敵之據，該船無之。其三，商船必有提貨單、日記簿，該船主不肯呈驗，顯有情弊。其四，於貨單外搜出砲彈，該船主先未申明。其五，該船見搜出砲彈，潛封艙口（不）准查驗。凡此可疑之處，唯（准）以歐洲公法，似不能謂不應搜查。……蓋船有形跡可疑之處，則咎在船主，不在捕者也。竊意中國辦理此事，於公法捕船權利實已有所退讓，不能謂比他國更有加增。如該商有欲索款之意，尚望貴大臣明白開導，勿任多瀆。」[164] 總理衙門的復照，有根有據，理直氣壯，使歐格訥一時無可狡辯。於是，他便決定暫時改變一下策略，由上海總領事直接出面進行糾纏。

這時，英國外交部也在尋找向中國索賠的「理由」。致函皇家法院說：「看來，『巴山』號儘管直接開往中國港口上海，無疑其最終目的地是交戰國。『巴山』號確乎裝有少量在當時情況下成為違禁的貨物。因此，那艘南琛輪有權在公海上阻止它，……把攜帶戰時違禁品的船隻押入港口，並接受有許可權的戰時法庭裁決。問題是中國政府尚未建立戰時法庭。」並希望皇家能提出建議：「英國政府是否應該支持船主一方提出的向中國政府索賠償金的合理要求？如果提出這樣的要求，以什麼理由最為合適？」可見，英國政府的立場已經十分清楚。果然，英國皇家法院對索賠一事給予認可，覆函稱：

---

[163]　《中日戰爭》續編（五），第481頁。
[164]　《中日戰爭》續編（五），第482頁。

第三節　敗績聲中發生的幾起涉外案件

雖然該船確實攜帶了一小宗戰時違禁品，仍可正當地支持船主的合理賠償要求。該船被毫無理由地帶到航線以外的港口，沒有任何司法程式，即扣留該船，既沒有起訴也沒有在任何戰時法庭上提出訴訟，以此為理由可能最為適當。[165]

11月9日，英國駐上海代理總領事哲美遜（George Jamieson），向蘇松太道劉麒祥發出一份照會，其內容仍是索償，並提出兩條辦法：一是採取一攬子的辦法，「給銀3萬兩了事」；一是「將受損各項開列清單，邀請公正人核算」。本來事屬英人無理糾纏，而劉麒祥的復照則稱：「此事作何辦法，本道無成見，如貴總領事將該船經理人索償原委，並憑何條公法索償，詳備開示前來，此事本道當慎辦詳復。」[166] 交涉一開始，劉麒祥的態度就非常軟弱，自居於被告的地位。

根據劉麒祥的復照，英國領事哲美遜真的「詳備開示前來」。11月22日，他在照會中開列以下四點：一、「（巴山船）在洋面被中國南琛兵輪令其停駛，是時船主交出貨單，……聲辯不聽，必欲帶往基隆」；二、「當時一聽華官指揮進口，致遭擱淺，大受損傷……船在基隆被扣14天，船上貨物橫被搜查，顛倒錯亂，堆積艙面，雨水淋漓，開箱奪貨，迨將貨回艙時，並不小心置放，以致受損甚重」；三、「抵滬卸貨……延誤日期不少，應入塢修理，綜計延誤日期極少在26天」；四、「僅三小箱（彈、槍）所值無多，何以指為軍火？」最後指責「此事係由中國首先干犯」，並質問道：「貴道於中國國家應賠之責是否承認？」30日，劉麒祥再次復照哲美遜，一方面告以來照所述情形「須另行查明」，一方面指出：「今縱按來文所開各情，中國並未越權。至於索償，全憑中國有無

---

[165] 《中日戰爭和三國干涉（1894～1895）》，第16、17、48頁。
[166] 《中日戰爭》續編（五），第319頁。

第四章　清政府加緊乞和與美國居間

違例之處。……總之，中國究違何例，應由索償人指證。須俟此節論定後，方能酌核受損情形也。」[167] 雖然說明「中國並未越權」，但對英方的索償要求卻未能斷然拒絕，仍然要索償人指證「中國究違何例」，以便「酌核受損情形」。這種自相矛盾說明劉麒祥的態度始終游移不定，留有餘地，並不敢堅決駁斥英方提出的無理要求。

可是，幾天之後，事情有了新的變化。由於哲美遜照會極盡無中生有、顛倒黑白之能事，尤其是其中涉及江海關的文字，徹底地激怒了賀璧理。本來，當巴山輪在上海停泊時，在停驗該船運日貨物的問題上，賀璧理和前英國兼任上海總領事韓能是沆瀣一氣的。如今，哲美遜竟然追究起巴山輪在上海「延誤日期」的責任，這件事勢必會嚴重影響到江海關稅務司的聲譽和地位，怎能不使賀璧理大為惱火？於是，他於12月7日致函劉麒祥，對哲美遜所謂「延誤日期」、「極少26天」一事表示「不勝詫異」，用事實駁斥所謂「延誤日期」的讕言：

查該船前於九月初九日（10月7日）禮拜日之晚駛抵吳淞。本關先已得悉，故於初八日即將應發該船開艙准單趕前發出。只因該船主攜帶在滬，故遲至初十之早尚未開艙。迨後由關所派該船扦手自淞來電請示諭復，始於初十午後開艙，駁輕船身以便駛進。嗣於十四日船靠碼頭卸貨，至二十日卸竣。當因船塢未有空處，故至二十二日才得進塢。次日即出，其得連日裝貨，至二十七日裝滿出口。前後統計，僅得18天。現經理人稟有26天，已屬可異。況此18天中，只有該商自誤之時，並無本關耽延之處。且輪船到通商口岸，按照約章，該商所應得者不過如約：凡輪船進口須將所卸貨物應完稅餉一併清訖，始發紅單，准其出口；若本關另立之凡輪船所卸應稅未納之貨，准覓他行具保存棧，一俟

---

[167]　《中日戰爭》續編（五），第320～321頁。

第三節　敗績聲中發生的幾起涉外案件

稅清，領有關給准單方准提貨出棧。該輪則准其先行出口。此項辦法，乃係於約章之外格外體恤商情之意，並非商人所得要求者。今若照約辦理，則該輪所卸應稅未納存棧之料，直至十月二十四日（11月21日）始據清完。其船即應至是日方能出口。而其所以能於九月二十一日出口者，無非出自本關格外方便，豈得反謂耽誤乎？

此段文字極為重要，它把巴山輪停泊上海的經過情形開列得十分清楚，毫不含糊：其一，巴山輪在上海停泊只有18天，根本不是26天；其二，在這18天當中，有幾天是巴山船長自己耽誤；其三，巴山輪出口比規定提前了27天，係出於格外照顧。同時，賀壁理的來函還推翻自己原先關於巴山輪「觸礁」的說法，進而揭露所謂巴山輪「進基隆內灣以致擱淺受傷」之說，指出：「照本稅務司所聞及所得各憑據詳加查核，料來該船可無擱淺之事。」[168] 來函所擺出的大量確鑿事實，完全戳穿哲美遜所謂延誤日期、擱淺受傷等謊言。

至12月27日，署臺灣巡撫唐景崧也發回批文。批文在詳細說明臺灣扣留巴山輪的經過後，又駁斥所謂搜查巴山輪「不合公法」說及英方所捏造的種種「事實」，指出：

查局外之船載有濟敵禁物，無論多寡，戰國有搜查之權，即英領事亦稱，歐公使兩電囑將所獲軍火歸中國，取保往上海等因。是巴山之應查，毫無疑義。若謂僅彈、槍三箱，所值無多，何以指為軍火？試問槍與彈不謂之軍火，何物謂之軍火？既可少載，豈不可以多載？當日南琛在洋面既見巴山軍火確鑿有據，焉能不帶至基隆聽候查驗？該船既無違禁之件，何以先不進口？何以一經查至下艙，即封閉不服查驗？所稱延誤，及其自取。至先後起驗之貨，不及一艙，何至受損？且受損者究係

---

[168]　《中日戰爭》續編（五），第331頁。

第四章　清政府加緊乞和與美國居間

何物,當未放行之先何以不指明請驗?茲於放行之後,憑空稱物受損,何足為憑?又該船進基隆口時眾目所睹,絕無擱淺之事,該船主亦無擱淺之說。其因何入塢修理,與中國無涉。總之,此案考之公法,中國既有應查之權,即(既)無違例之處,更無認償之理也。

賀璧理的來函和唐景崧的批文,澄清事件經過的真相,並批駁英方的無理指控,從而證明了理在中國一方,而不是在英國一方。這對直接與英交涉的劉麒祥來說,應該是一個非常大的支持。哲美遜雖然理屈詞窮,卻不肯就此認輸罷休,竟大耍無賴手段,橫生枝節,繼續糾纏。西元1895年1月16日,他又提出中國辦理此案的兩條所謂「錯處」:其一,中國方面對巴山輪的指泊處不當。「該船所載三小箱內之貨,如就軍火兩字意義而論,即指為實係軍火,應行斷令充公之所由,則該船亦當押往上海,不合帶赴基隆。」、「即使承認帶該船赴基隆之事不為無因,乃押帶該船赴基隆之後指泊處並非妥當地方。」其二,所載貨物之內「僅有三件可議,三件內尚有二件註明係手槍,一件係彈子。此項手槍專作玩具,計價銀每支四錢,槍子係與其類同。」、「安得云有此三件,即坐該船以違禁裝軍火之罪?」、「臺灣所扣三件內係手槍、槍子,並非軍火,理合交還。深悉該手槍係玩具一類之物,斷不能充戰陣之用。夫軍火原係與戰交戰之需。如上所云,手槍者即實為日本兵士打仗所合用,其數甚微,亦毫無裨益,絕不能指為軍火,應行交還。」所有這些,當然是不值一駁的。這也說明了哲美遜自知理屈,只能無理取鬧。此時,劉麒祥因為心裡有了底,也覺得理直氣壯,在復照中乾脆指出:「該索償人所稟緊要各節,殊屬空言無本,牽引失當……中國現與日本交戰,即有權搜查裝運不計多寡濟敵軍火局外之國船隻,其船貨應搜查。設有受虧情

第三節　敗績聲中發生的幾起涉外案件

事，其責任全在船東，貨主不能作為向中國索償張本。」當時，總理衙門的態度也還堅決，認為「咎在商船，不在捕者」、「萬無給賠之理」。[169]

巴山軍火船事件的真相已經大白，無論英國公使還是其上海總領事，由於處於無理的地位，在確鑿的事實面前也難逞其狡辯。照此看來，中國在這場交涉中應該是勝利者。實則不然。因為在當時的歷史條件下，的確是「弱國無外交」的。英方在公使級的交涉中沒有取勝，在領事級的交涉中又沒有取勝，便決定由英國政府直接出面。3月9日，歐格訥照會總理衙門稱：「茲準本國外交大臣電諭，囑令代該船船長向貴國索償英金5,000鎊。此款較該船被扣致虧之數頗形減少。若欲就此將該船受虧之款完結，務須立行付給。」[170] 兩國交涉規格的升級，表明英國政府決心要對清政府實行壓服。

總理衙門雖然不願無端拿出5,000英鎊，但知據理力爭已屬無濟於事，對英方提高償金非常頭痛，也希望設法早日了結此案。可是，負責辦理此項交涉的劉麒祥，熟知「歷來中外交涉，領事本以偏袒為能事，以期見好於商人，故遇事必多方辯難，迨知理屈，又以護前不肯自休，再與堅持」，是很難對付的。這時，他找到英國律師譚文商議辦法。譚文出主意道：「解鈴繫鈴是在（英）外部，非由出使大臣與之熟商，難期轉圜。」[171] 劉麒祥認為甚是，便打電報託駐英公使龔照瑗直接與英國外交部商辦。

其時，適值英國內閣改組，外交大臣亦在新舊交替之際，龔照瑗不克與議。直到7月5日，龔照瑗始率同參贊馬格里往外交部交涉。當即

---

[169]　《中日戰爭》續編（五），第310、333、334、335、482頁。
[170]　《中日戰爭》續編（五），第482頁。
[171]　《中日戰爭》續編（五），第330、365頁。

第四章　清政府加緊乞和與美國居間

約定，第二天由馬格里與索償人共同赴部面議。這日，龔照璦接劉麒祥來電，提出擬請德國總領事公斷。龔照璦則認為此事恐非德領事所能公斷，擔心拖延愈久，需索愈增，決定早點付給償金，令馬格里往英國外交部商議賠款之數。6日，馬格里開始與索償人正式談判。天祥行主交出一份索賠細單，所開共計 5,558 鎊，查閱索賠細單，其中所開失裝茶期虧損船腳一項賠款最多，計 2,250 鎊。該行主聲稱：「彼船若不扣留，即日本載茶至紐約。今因扣留，故誤載茶之期，是以載米。米腳減於茶腳多矣。」[172] 馬格里密訪他行後，掌握了巴山輪離日本時所裝貨物情況，指出巴山輪從日本裝茶證據，經英國外交部轉告該行。7月 10 日，兩造皆至英國外交部談判，天祥行主始「願將所索之數減 1,000 鎊」。天祥行索賠的第二大項，是補償巴山輪「延誤日期」的損失，扣船 26 天，每天 75 鎊，共 1,950 鎊。馬格里接受了已被賀璧理駁倒的延誤 26 天的說法，但指出「扣船每天應補 75 鎊之數過多，每天有 40 鎊足矣」。爭執多日，行主始於 25 日答應再減去 558 鎊。這樣，「計所索賠補 5,558 鎊，經兩次減為 4,000 鎊」。僅從所開列的兩項主要賠款數字來看，可知英商分明在趁機敲詐。英國外交部也大肆進行恐嚇：中國方面如不允出 4,000 鎊賠補，就要把償金提高到 6,000 鎊以上。因此，馬格里認為再減已無可能，主張賠 4,000 鎊從速了結此案。

此時已是《馬關條約》簽訂之後，清政府正為償付日本鉅額賠款而大舉外債，往外多拿幾萬兩銀子（4,000 英鎊約合銀 2.66 萬兩多）也是頗為困難的。正在舉棋不定之際，想到前此英國律師譚文曾提出：「按諸公法，其實錯在巴山，即因扣留受損，該船主亦只能自認吃虧，斷無索

---

[172]　《中日戰爭》續編（五），第 491～494 頁。

第三節　敗績聲中發生的幾起涉外案件

賠之理。」總理衙門即致函兒稅務司赫德，告以龔照瑗「與英外部商論，訂定賠船主4,000鎊，而不及船貨，本署總願一了百了」，以及譚文的意見，請予「詳細見覆」。原來，截獲巴山輪時，赫德尚提出「若船上查有軍火，無論多寡，應照局外章程，所有船貨人均應辦罪，故船可留」，這與譚文的意見並無二致。可是，此刻赫德的態度卻來了個一百八十度大轉彎。他於8月2日覆函總理衙門稱：「船行向中國索賠之事若屬理所應為，則貨商索賠諒亦係一律有理之事，至所云一了百了自是最為簡捷之法。……其英律司（師）所云貨商不能向中國索賠之說，是否如此，總稅務司未能深知，然恐未免有誤。……再，正在繕函間，適值歐大臣（歐格訥）前來。敝署據（歐大臣）云，減定4,000鎊之數，若不立即交付，則該船行仍索賠6,500之原數。由此可見，該船行現允將減定之數接收了結，而付4,000鎊較付6,500鎊自為便益。」[173] 這實際上是夥同歐格訥一起對清政府施加壓力。總理衙門一看4,000鎊已是底線數字，就怕一拖英方又會提高數目，只好接受。8月10日，清政府從出使經費項下撥出銀二萬六千六百六十六兩六錢六分，折合4,000英鎊，由匯豐銀行匯到英國，始將此案了結。

清政府屈服於英國的壓力而賠款，引起了連鎖反應。8月3日，德國公使紳珂藉口巴山輪上裝有德產洋布價格虧損，代表德商魯麒洋行索取償金。美國也不甘落後。11月9日，由副公使田夏禮出面，藉口巴山輪裝有美國布匹等貨價格虧損，代表上海美商裕豐、晉隆二行索取償金。這場交涉歷時一年多才算結束。

---

[173]　《中日戰爭》續編（五），第365、422、423頁。

第四章　清政府加緊乞和與美國居間

三　京城日特案的審結和「酌為開釋」

10月12日，為日本使館看守六條衚衕公館的高順突然被步兵統領衙門逮捕。當天還有另外兩名日本僕役名趙春霖和吳承棟者也一起被捕。到12月26日，美國駐華公使田貝致函總理衙門：「想中日現已欲行議和，此人在押受苦已經數月，擬請轉行酌為開釋可也。」總理衙門覆函則稱：「聞此案情節重大，應由司法查照律例辦理，業已送部，非本衙門所應過問矣。」[174]

高順等究竟涉及何等重大案情呢？從他們的供詞中可知其罪行大致如下：

高順即高二，或稱高兒，宛平縣人，33歲，居住在順治門外車子營路北。幾年前，在日本武官井上敏夫海軍少佐手下當差，每月工錢洋銀10元。曾隨井上坐小火輪遊歷長山島、廟島、砣磯島、城隍島、小平島，並「觀看旅順炮臺」。又往盛京遊歷貔子窩、大沽山等地及朝鮮之大同江、平壤、仁川口，路過威海衛等處。「所走洋面均用千斤柁試水深淺，每處相距約100多里不等。」後又奉井上敏夫之命，在煙臺「每日代看海關上懸燈掛旗，報知軍船貨船往來數目，及日本與中國在牙山打仗，伊仍舊代探船隻」。據他稱，他是在井上敏夫回國後「酌量事情不好，恐怕被拿」，才從煙臺逃回北京的。

趙春霖，即趙二，天津縣人，45歲。早在西元1884年春間，即跟日本人東敬名由北京前往天津，坐火輪船遊歷營口、瀋陽船廠。又往寧古塔遊歷，與東敬名一起被都統衙門逮捕。他在監押中逃回北京後，在

---

[174]　《中日戰爭》續編（五），第240～241頁。

第三節　敗績聲中發生的幾起涉外案件

交民巷日本公使館「跑信」，每月工錢洋銀 7 元。本年 7 月間，奉命住在六條衕衕看房屋，「探聽密事，即告知日本公館」。

吳承棟，即吳三，宛平縣人，33 歲，住永定門外四合館路西。在日本代理公使小村壽太郎處當跟班，每月工錢洋銀 6 元。小村壽太郎下旗回國時，曾送到塘沽上船回國。自稱「別事不知」[175]。

高順等三人的供詞避重就輕，隱瞞了許多重要情節。例如《宗方小太郎日記》就記載了高順的一些活動：

8 月 7 日：「本日派高兒至威海，使之窺伺動靜。」

8 月 10 日：「下午 3 時，高某自威海歸來。昨 9 日下午 3 時所見，目下碇泊於該港之兵船有鎮遠、定遠、經遠、靖遠、來遠、致遠、平遠、超勇、威遠、廣丙、廣甲、康濟、湄雲、鎮東、鎮中、鎮北、鎮邊 17 艘，另外尚有魚雷艇 4 隻。」

8 月 21 日：「潛伏於天津之石川伍一終被官府捕獲。下午派遣高某至天津，使之窺探石川之現狀，兼探聽津沽之動靜。」

據此，可知高順本是被收買的刺探軍事情報的日特，做了不少危害國家的罪行，卻都被瞞下了。

儘管這樣，經刑部會同都察院、大理寺提犯親審，判高順、趙春霖二犯「均為倭人服役多年……甘心為效奔走；迨失和後，仍一為看望船隻來往，一為告知營兵駐紮處所，雖與刺探機密走漏軍情有間，究未便遽從寬典，自應嚴行懲辦。……均合以境內奸細走透消息及境外奸細入內探聽事情者斬律，擬斬監候，秋後處決」；吳承棟「甘心為倭人服役，雖未為之探聽事件，亦應從嚴懲辦，擬在部監禁五年，俟事平後再行酌

---

[175]　《中日戰爭》續編（五），第 392～398 頁。

第四章　清政府加緊乞和與美國居間

核辦理」。[176]

　　刑部的判決說是「從嚴懲辦」，實際上並非如此。在此時期內審結的間諜特務案件，都是立即正法，為什麼對高順、趙春霖卻要秋後處決呢？因為這時清政府已決定對日乞和，對日特的處理當然要慎重：放了難免有失人心，放又放不得；殺了又沒有迴旋餘地，殺又殺不得。處在兩難之中的清政府，只好來個「秋後處決」拖一拖，以待時局的變化。可見，所謂「秋後處決」，即田貝所說「酌為開釋」之變相也。

　　這件京城日特案，本是中國國民犯法，由中國法庭審理，純屬中國內政，不容外國人置喙和干涉。由於中日《馬關條約》的簽訂，這件本來純屬中國內政的京城日特案卻變成眾所矚目的涉外案件。《馬關條約》第九款有云：「中國約將認為軍事間諜或被嫌逮繫之日本臣民即行釋放，並約此次交仗之間所有關涉日本軍隊之中國臣民，概予寬貸，並飭有司不得擅為逮繫。」據此，《馬關條約》換約之後，日本要求釋放高順、趙春霖、吳承棟三人。總理衙門奏稱：

> 查本年全權大臣李鴻章與日本新訂和約，第九款中國將被嫌逮繫之日本臣民即行釋放等語。此案趙春霖等三名係供日本使館差役，即可援照日本臣民釋放之約辦理，應即速諮刑部查明釋放，以免藉口。[177]

　　這樣，這幾個充當日特的民族敗類，竟當作「日本臣民」交還給日本公使館。

---

[176]　《中日戰爭》續編（五），第 395 頁。
[177]　《中日戰爭》續編（五），第 396 頁。

第四節　日本制訂對中國作戰的新方略

戰爭爆發後，日本大本營制定的作戰計畫，包括甲、乙、丙三個方案，按第一期作戰的結果而決定採取何種方案。其中，「甲案」規定，如果聯合艦隊取得對黃海和渤海的制海權，則運送陸軍主力至渤海灣登陸，在直隸平原進行決戰。黃海海戰尤其是日軍侵入遼東半島後，日本海軍已經掌握制海權，按照原定作戰計畫應立即實行「甲案」。山縣有朋剛好是根據大本營的作戰計畫，才在 11 月初提出了《征清三策》。其第一策實即大本營作戰計畫的「甲案」。伊藤博文卻反對立即將「甲案」付諸實施，而提出對中國作戰的新方略。

從 11 月初到 12 月初的一個月內，日本大本營以是否實行「甲案」的問題事關重大，一直拖而未決。伊藤博文認為：「面臨天寒冰結之氣候，在渤海求運輸交通之便利，乃至難之事。」[178] 這是他反對實行「甲案」的一個重要理由。這個理由能否成立呢？在此以前，大本營曾命聯合艦隊司令官伊東祐亨，派人至直隸撫寧縣境的洋河口附近調查登陸地點。調查的結果支持了伊藤博文的觀點。據調查人員報告，該處冬季西北風強烈，風力達 5 至 8 級，岸上冰雪厚積，登陸困難。[179] 這一理由，對於陸軍來說，是有說服力的。山縣有朋也不得不放棄自己的主張，他說：「據傳伊東聯合艦隊司令官所談，目下已迫近結冰時期，以兵力於渤海灣山海關附近登陸頗難。果如此，則第一策已不能執行。」[180]

---

[178]　伊藤博文：《機密日清戰爭》，《中日戰爭》續編（七）。
[179]　戚其章：《中日甲午戰爭史論叢》，山東教育出版社 1983 年版，第 194 頁。
[180]　伊藤博文：《機密日清戰爭》，《中日戰爭》續編（七）。

第四章　清政府加緊乞和與美國居間

　　伊藤博文考慮最多的還是政治策略方面的問題，這是他反對實行「甲案」的最主要的理由。他認為：即使日軍在直隸登陸成功，也必將在中國造成混亂狀態，而引起西方列強的干涉。這並不是伊藤博文的過慮。事實上，當時已經出現列強干涉的明顯跡象。

　　其一，是美國人密謀策劃的「倒清」活動。這個活動的主要策劃者就是李鴻章的顧問畢德格。甲午戰爭爆發後，他認為清政府在日本的打擊下將無法生存下去，要使中國從混亂中擺脫出來，李鴻章是最合適的統治者。畢德格的密友威爾遜（Francis Mairs Huntington-Wilson）很贊同他的這一設想，並希望能夠得到美國前國務卿科士達的支持。畢德格利用休假回國之機，與科士達進行一番長談。科士達也認為：「最好是改朝換代，推李鴻章掌握權力。」並將這一密謀計畫寫信告訴美國駐華公使田貝。威爾遜則寫信給在日本駐美使館擔任顧問的美國人史蒂文斯（Ransford Stevens Miller Jr.），極力鼓吹日本控制中國的好處，應迅速採取行動，否則英、俄將瓜分中國，使日本喪失勝利果實。他提出：如果清廷覆亡，只有讓李鴻章和日本控制新局面。史蒂文斯回信說他已把信給栗野慎一郎看了，還準備抄送一份給伊藤博文和陸奧宗光。與畢德格等人的密謀策劃相呼應，美國的報紙也不斷鼓吹類似的論調。如《紐約論壇報》即曾預言，日本將進攻北京，中國將被分裂為三部分，其中一部分由李鴻章統治。[181]這起密謀事件表明，列強總在窺測方向，伺機插上一手，而這是與日本的利益相違背，不能不引起伊藤博文的警惕。

---

[181]　參閱夏良才：〈關於中日甲午戰爭中一起「倒清擁李」的密謀事件〉，《近代史研究》1984年第6期。

第四節　日本制訂對中國作戰的新方略

　　其二，是八國出兵入京護館。在清政府加緊乞和的同時，列強也正在醞釀派兵進入北京的計畫。本來，戰爭爆發後，北京外國使館的保護工作一直由步兵統領衙門負責，每處派官兵 42 人守衛。[182] 外國使館的安全從未發生問題。赫德稱：「北京十分安靖，民心尚鎮定，除一二個別事件外，尚無仇外舉動。」[183] 儘管如此，美國公使田貝卻以護館為名要求派兵入官。11 月 23 日，他致電美國國務卿格萊星姆提出：「請海軍部長增強『孟諾加西』號水兵 50 人在北京執勤。」[184] 在此以前，田貝已經獲悉畢德格等人密謀策劃的「倒清」活動。威爾遜還非常露骨地寫信對田貝說：「我要你在時機來臨時充當華瑞克（Warwick Richard Neville）這一角色。」[185] 可見，田貝要求美國政府派兵進入北京，並不是出於護館的需求，而是有著更深遠的打算。如果說美國的派兵還停留在籌劃階段的話，那麼俄國倒是聞風而動，準備提前行動。12 月 12 日，俄國公使喀西尼照會總理衙門：「茲有俄國水師游擊一員，帶領水手 40 名，於本月（十一月）十七日（夏曆）由天津起身，前赴北京本館執役。」[186] 當天，總理衙門便拒絕了喀西尼的要求，指出：「此事斷不可行，免致另生枝節。」並保證對外國使館「自必力任保護，絕不至有意外之虞」[187]。與此同時，義大利駐天津代理領事馬赤（Cesare Poma）也向直隸總督衙門提出派兵 11 名進京，同樣遭到了拒絕。清政府拒絕俄、義兩國派兵，

---

[182]　〈收步兵統領衙門片〉，《朝鮮檔》（2602）。
[183]　《中國海關與中日戰爭》，第 64 頁。
[184]　《中日戰爭》（七），第 456 頁。
[185]　Marilyn B. Young, The Rhetoric of Empire: American China Policy, 1895-1901, Harward Univ. 1968, P.29. 按：華瑞克（Warwick Richard Neville, 1428-1471），英國伯爵，因先後擁戴英王亨利六世（Henry VI of England）和愛德華四世（Edward IV）而著名，獲得「擁立國王者」的綽號。
[186]　〈俄國公使喀西尼照會〉，《朝鮮檔》（2420）。
[187]　〈致俄國翻譯柯函〉，《朝鮮檔》（2422）。

第四章　清政府加緊乞和與美國居間

對田貝的計畫無疑是一個打擊。田貝致電格萊星姆，主張派兵「以執行盛行於東方的（列強）合作政策」。格萊星姆也覺察到田貝已決定要求美國實行武裝干涉。克里夫蘭政府雖然對田貝的行動持保留態度，但還是批准派兵進入北京。於是，田貝便積極地為美軍和歐洲列強的部隊一起進軍北京而進行準備。[188]

12月16日，總理衙門收到以田貝領銜的八國公使聯銜照會，其內稱：「現遵各本國國家之命，已調水手或海軍槍兵若干人，聚會天津，以便遇事招來京中，在使署防護巡查。各國駐京使署準有護衛防守之兵，或常川駐紮，或暫行留守，（天津）條約早已載明，又係三十五年以來素有之事，無駁礙之理。請轉飭自津至京一路，妥為設法，遄行勿礙。」在照會署名的其他七國公使是：俄國公使喀西尼、英國公使歐格訥、德國公使紳珂、法國公使施阿蘭、義國公使巴爾迪、比利時公使陸彌業（H. G. Loumyer）和西班牙公使梁威里。17日，總理衙門復照八國公使據理反駁：「查各國約章，並未載有各國駐京使署准有護衛防守之兵，或常川駐紮，或暫行留守之條。三十餘年以來，亦無似此所行之事。英國條約第三款所稱英國大臣公館僱覓伕役，毫無阻攔，係指僱用中國人服役而言，並非護衛之兵。即十八款所稱如有不法匪徒擾害各節，亦係責成中國地方官派撥兵役彈壓，亦無准各國大臣自行撥兵保護使館之文。」最後說明：「中國應盡保護之責，業已切實辦理。來文所稱自行派兵進京防護一節，轉恐人心驚疑，易致生事，諸多不便。務希貴爵署大臣體諒中國力任保護之意，電達貴國國家作為罷論可也。」[189]21日，

---

[188] Jeffery M. Dorwarr, The Pigtail War: American Involvement in the Sino-Japanese War of 1894-1895, Univ. of Massachusetts Press, 1975, PP. 67-70.

[189] 〈致美國公使田貝等照會〉，《朝鮮檔》（2443）。

第四節　日本制訂對中國作戰的新方略

田貝等八國公使再次照會總理衙門，聲稱：前次聯銜照會「所引之權」，乃憑「與中國曆訂條約」，且「因明准所用人等送信、通事、服役等類，聽自招選使用，並無限制；歷年經有專撥之兵，至今仍有如此者」。因此認為這次派兵是「既憑此權，又據素來行過之事」[190]。總理衙門堅決反對列強派兵入京，並對其聯銜照會中歪曲條約之條文處予以澄清，說：「至所稱僱募送信、通事、服役人等，各隨其意毫無阻攔者，係指各使館傭工華人而言之。約內並無聽自招選兵丁防護使館之條。來文所解條約與原文之意迥不相符，未免誤矣。至來文所稱各使署有兵防護，至今仍留京中，此蓋隨員中間有一二武弁、原無不可。若以成群兵隊在館防護，則向來從無此事。」[191] 各國公使見狡辯無效，便決定不顧清政府的反對而強行派兵進京了。27日，八國公使又向總理衙門遞發一份措辭強硬的聯銜照會：「現唯有向貴王大臣宣告，本大臣等當必各操其權，俟自酌度緩急，即行撥兵由津進京，以資保護使署及本國人民。」[192] 根據檔案記載，除比利時外，其他七國都派遣一支少則10幾人多至50幾人的軍隊。[193] 法國政府還以保護租界為名，派巡洋艦和砲艦各一艘駛至天津。[194] 列強的劍拔弩張，當然不能認為就是單純為了保護租界和使館。這一點，伊藤博文當然是十分清楚。他向大本營提出：「為使我得收戰勝之利，則非善於權衡利害，慎重從事不可。」[195]

---

[190]　〈美國公使田貝等八國聯銜照會〉，《朝鮮檔》(2450)。
[191]　〈致美國公使田貝等照會〉，《朝鮮檔》(2463)。
[192]　〈美國公使田貝等八國聯銜照會〉，《朝鮮檔》(2471)。
[193]　這七個國家的軍隊直到西元1895年5月以後才陸續撤走。
[194]　〈行署理北洋大臣王文韶文〉，《朝鮮檔》(2675)。
[195]　伊藤博文：《機密日清戰爭》，《中日戰爭》續編（七）。

第四章　清政府加緊乞和與美國居間

其三，是日本駐外使節所提供的列強動向的情報。在此期間，日本派駐西方國家的公使非常活躍，或頻訪其政府首腦，或接觸其政界要人，基本上掌握了列強的遠東政策及其動向。日本對各國的了解也是逐步深入。當時，日本注意的重點是俄國和英國。

據日本駐俄公使西德二郎的報告，他起初認為：「俄國政府所擔心者乃日本是否永久占領朝鮮。對此，軍人階層尤為反對。」、「俄國之主要興趣為擴張並占領朝鮮東海岸，以獲得某些不凍港。」[196] 後來，透過與俄國外交大臣吉爾斯及政界人士的多次交談，他才發現俄國所關心的不僅僅是朝鮮一地，於是向政府報告說：「此地（俄國）人們所考慮者，即使我軍進而取得攻陷北京之勝利，也並不希望我分割大陸之土地。何則？蓋我若要求占有朝鮮之一部分，俄國亦必要求其所欲之另一部分；若要占有滿洲南方之一部分，英、俄必共同反抗之。倘使圖謀臺灣，英、法亦必提出異議。因此，可以斷定，今日我所欲謀求之土地勢難實現。」他還根據俄國某政界人士所透露的情況，再一次建議割取臺灣，並強調此為「上策」，而且俄國政府「必不持異議」。[197]

英國又是如何呢？西德二郎先從俄國外交大臣吉爾斯處獲悉：「英國恐日本之最後成功將分裂中國」，但「目前尚未至干涉之時」。英國眾議院議員巴特利特（William Burdett-Coutts）也告訴日本駐英代理公使內田康哉，說歐洲各國之舉動「有危險的跡象」、「故不應使軍隊靠近北京」。[198] 這不能不引起日本當局的高度重視。後來，日本還是間接地透過義大利政府獲得有關英國的準確情報。當時，義大利與英國在對外事

---

[196]　《日本外交文書》，第 27 卷，第 821、842 號。
[197]　《日本外交文書》，第 27 卷，第 836、838 號。
[198]　《日本外交文書》，第 27 卷，第 817、820 號。

第四節　日本制訂對中國作戰的新方略

務中利益一致，所以在外交政策方面往往採取相同的立場。義大利外交大臣布朗克向日本駐意公使高平小五郎透露：「英、俄兩國雖有彼此相反的利益，但至爭議可迴避時則可聯合。」布朗克還勸告說：「措施與條件應限於適當範圍之內：第一，應避免割裂清國疆土或顛覆清國政府；第二，盡量不要搞亂正常秩序。」他還特地提醒高平小五郎：「倘影響各國的利害關係，最初欲坐視者亦將不能坐視，乃至不得已而干涉之。」西德二郎的情報也證實了布朗克的話。他向國內發回的報告稱：「他日日清議定和約時，若日本乘戰勝之威而提出削弱清國之命脈的條件，並使訂約各國之利益蒙受損害，則各國（指歐洲列強）必共同反抗之。」[199]

剛好是基於上述情況，伊藤博文才決定放棄「甲案」，而代之以進擊威海衛和攻略臺灣的新方略，以盡量避免列強的躍躍欲試的介入。他在12月4日提出的〈進擊威海衛並攻略臺灣之方略〉中說：「敵之北洋艦隊現正泊於港內，因而大舉進擊威海衛既非其時，深入其港口亦不可得。今以陸軍襲其背後，以水陸夾攻之，此即所謂扼其咽喉之半，且為剿滅長期挑而不戰之敵艦之捷徑也。……苟欲以割認臺灣為和平條件重要條件之一，我方如不先以兵力將其占領之，則無使彼將其割讓之根據，將奈之何？是故非堅信扼渤海之鎖鑰乃為至要之同時，必須南向獲取臺灣為大計不可。」為了減少來自軍方的阻力，他不說放棄「甲案」，而說推遲「甲案」：「如於冰凍季節畢此兩役，待春暖時清廷猶躊躇而無向我請降之意，則進而堅決實行前此之『甲案』，以水陸連勝之餘勇，陷山海關，進迫天津、北京，亦未為晚也。」這樣，他的新方略也就為軍方所大致接受。山縣有朋呈給明治天皇上〈奏請採納海陸合攻威海衛方略

---

[199]　《日本外交文書》，第27卷，第818、831、837號。

第四章　清政府加緊乞和與美國居間

疏〉，在確定解凍後實施盛京及直隸平原作戰計畫的前提下，同意了伊藤博文的主張。[200] 日本統治集團內部在伊藤的新方略問題上實現了有條件的統一。日本歷史學者指出：伊藤的新方略「就是所謂殲滅北洋艦隊，控制臺灣，以造成有利的和談條件，並獲得割取臺灣的『根基』。作為文官的伊藤首相從政治策略的觀點出發，指導了大本營的作戰，壓抑了只從作戰的角度來考慮的軍人，從而避免了長期進行的消耗戰。戰爭的領導問題，由於伊藤首相而一元化了，軍事被放在有利於政治策略的位置上」[201]。

---

[200]　伊藤博文：《機密日清戰爭》，《中日戰爭》續編（七）。
[201]　藤村道生：《日清戰爭》，上海譯文出版社 1981 年版，第 130 頁。

第五章
馬關議和前後的國際關係

第五章　馬關議和前後的國際關係

第一節　科士達與中日廣島會談

在李鴻章馬關議和之前，清政府曾先後三次派員與日本談判。第一次，是在西元 1894 年 7 月下旬，李鴻章擬命記名海關道羅豐祿作為祕密特使赴日，與伊藤博文就朝鮮問題開始談判，並透過日本駐天津領事荒村已次「要求日本政府保證在祕密特使到達東京前，在朝鮮的日本軍隊不要採取敵對行動」。當時，日本政府的答覆是，並「不特別反對羅豐祿來日本」，但不能保證「在朝鮮之軍隊放棄敵對行動」。[202] 只是由於日本海軍發動豐島襲擊，羅豐祿才未能成行。第二次，是 11 月間，清政府接受李鴻章的建議，派津海關稅務司德人德璀琳赴日探和，但日本拒而不納，徒勞往返。第三次，是在西元 1895 年 1 月、2 月間，清政府為打開和談的大門，決定派尚書銜總理各國事務大臣戶部左侍郎張蔭桓、頭品頂戴署湖南巡撫邵友濂為全權大臣赴日議和。張蔭桓、邵友濂之東渡，在甲午議和活動中占有重要的地位。正由於此，才揭開李鴻章馬關議和的序幕。尤其是張蔭桓、邵友濂東渡時特聘美國人科士達為和談顧問，故更引起世人之注目。

張蔭桓奉命東渡議和，深知前途多艱，自稱「此行原無把握」[203]，蓋「和議之難易，必視戰事之利鈍為轉移」[204]。他考慮到日方會無理刁難，因有西元 1895 年 1 月 2 日聘請美國人科士達為議和法律顧問之奏：

倭人動援西例，侈言公法。光緒十四年海軍船兵鬥殺之案，南洋特延英律師往辦，重費不惜。臣此行應辦之事，較為繁重。中日戰爭，倭

---

[202] 《日本外交文書》，第 27 卷，第 607、608 號。
[203] 《中日戰爭》續編（五），第 257 頁。
[204] 《清光緒朝中日交涉史料》(2636)，第 33 卷，第 21～22 頁。

第一節　科士達與中日廣島會談

俗屢播新聞，工於掩著，歐美諸洲間為所惑，有律師可以詰其情偽，代鳴不平。其他要挾，能查兩國例案以折之，或不為所欺飾，大致亦易就緒。唯律師頗難其選。臣前使美國，所延律師科士達，人極公正，熟諳各國條例；又曾奉使俄、墨諸國，曾充美國外部大臣。現在優遊林下，行年已老，臣慮其不肯遠涉，前日試與電商，乃承慨諾。當電楊儒代撥盤用，令在神戶相候，脩脯酬勞晤時酌訂。[205]

像科士達這樣經歷的人的確難找，朝廷在當天便批准了張蔭桓的奏請。

其實，張蔭桓對科士達並不真正了解，尤其是對其政治外交傾向似乎是不太清楚。科士達雖曾在中國駐美公使館擔任過法律顧問，和中國有一定的關係，但他實際上是親日的。他自稱，陸奧宗光任日本駐美公使時即和他建立了友誼。西元1894年春，科士達曾遊日本，又與陸奧宗光過從甚密。當時，日美在華盛頓進行的修改條約談判正陷於停頓。陸奧宗光請科士達回國後去看望國務卿格萊星姆，盡力使談判取得圓滿的結局。7月，科士達回到華盛頓，立即訪格萊星姆進行遊說，使其態度有所轉變。為此，陸奧宗光寫信向他道謝：「數日前，我駐華盛頓公使來電，說在修改條約問題上，格萊星姆採取了友好的態度。並告訴我，由於你有力的影響以及你善意地把日本的真實情況向格萊星姆說明，才出現這樣充滿光明的希望。感謝你現在對我的幫助。我希望您在將來以同樣的態度繼續幫助我們。」2個月後，日本新任駐美公使栗野慎一郎到職，又帶來陸奧宗光的一封信，信內稱：「現在委任栗野的最重要的工作是修訂條約，我請求您給他友好的信任，給他最需要的幫助，使他

---

[205] 《中日戰爭》續編（五），第258頁。

第五章　馬關議和前後的國際關係

工作得到圓滿的終結。」幾個星期後，在科士達的幫助下，日本的「這位新任公使就簽訂了這個渴望已久的條約」。雖然科士達自己辯解說：「關於此事，我的服務不是職業的，而純粹是友誼的及私人的性質。」然而，以上事實表明，他和陸奧宗光之間絕不是普通的私人友誼關係。

科士達接到總理衙門聘請他的密碼電報是在西元1894年12月23日早晨。他擔心美國政府會阻撓此事，當天便去拜訪他的「終生好友」格萊星姆。這位國務卿認為這項使命並無不合適之處，但在這個事實公開時應當宣告此事和美國政府沒有關係或並不代表美國政府。幾天後，根據科士達的認可，美聯社發表的消息即公開說明科士達此行「完全是以私人的資格，作為中國和談使節的顧問，沒有權力代表美國政府或替美國政府發言」。

科士達最擔心的還是日本政府的態度究竟如何。他後來在外交回憶錄中追述當時的情景說：

> 我往下所擔心的，是要知道日本精神上將如何接受我的使命。有兩個動機使我擔心：第一，我知道我的職務的效能，將大大受該政府對我個人態度的影響；第二，多年來國內外都認為我是日本人治外法權解放出來的積極提倡者。……在這種情形下，我感到重要的是，假若我擔任了中國皇帝請我做的工作，我應該使日本政府了解我接受這工作的意思。因此，在向格萊星姆報告並離開國務院後，我便直接到日本使館同栗野會面。[206]

可見他是多麼急迫地想知道日本方面的態度。

---

[206]　以上引文均見《中日戰爭》（五），第464～465頁。

第一節　科士達與中日廣島會談

12月23日剛好是星期日，科士達到日本公使館密訪栗野慎一郎，不巧栗野慎一郎有事外出，因留言謂有要事相商。當天晚間，栗野慎一郎親自造訪科士達。因關係並非普通，科士達不多客套，便直告栗野慎一郎說：「關於此次日中兩國間的議和談判，中國政府來電委託本人作為此次向日本帝國派遣之中國全權大臣之顧問前去日本，預定於1月7日由溫哥華乘加拿大郵船赴日。」隨後，二人便「祕密進行推心置腹之談話」。科士達向栗野慎一郎保證：「此次雖應中國政府之聘而赴日，然與陸奧大臣具有親交之誼，對日本所懷友誼之精神一如既往。」栗野慎一郎回館後，立即向陸奧宗光發電報告：

科士達祕密通知我，他應中國之請求，協助中國全權大臣。他說在收到下封電報後，將於1月7日離開溫哥華。看來，中國對領土之宣告非常焦急。

12月26日午夜，栗野慎一郎接到陸奧宗光關於科士達擔任議和顧問的訓示：

雖然，我認識到，作為我的私人朋友，科士達會在一些事情上對我們有所幫助這一事實。但我認為，讓我的一位私人朋友站在我們的敵人一邊，是很失策的。因此，如有可能，我特別希望能阻止他來。為達此目的，需要花費必要的費用，我不會反對的。務望盡最大的努力，千方百計地阻止他協助中國的全權代表。應讓他充分了解，在取得如此巨大成功的戰爭中，目前日本所處的地位和具有的偉大雄心，是很重要的。即使在三個月前，當英國政府作出努力時，日本尚不願接受以朝鮮獨立、戰爭賠款作為終止敵對行動的條件，時至今日更加不可能了。因此，極為明顯，在今日取得雙倍勝利之時，日本至少要多得些東西。事實上，中國盡其最大努力而給予者，在日本看來仍是不夠的。科士達應

第五章　馬關議和前後的國際關係

該記住這些，這是十分重要的。但務必小心，勿以官方身分，而以個人意見告訴他。

陸奧宗光指示栗野慎一郎盡力阻止科士達前來日本，甚至採取「花費必要的費用」的辦法。從陸奧慎一郎的密電露出的蛛絲馬跡可以看出，科士達認同過去收取過日本提供的「費用」；否則，陸奧宗光不會也不敢這樣貿然地提出對他「花費必要的費用」的。

陸奧宗光的指示幫栗野慎一郎出了一個很大的難題。一方面，由於時間過於倉促，已來不及再收買科士達了。按科士達的日程，將於12月29日離開華盛頓，並於12月27日早晨到日本公使館辭行。從栗野慎一郎接到訓示到科士達來辭別剛好是凌晨時間，是無法與科士達聯絡並晤面詳談的。另一方面，也是最為主要的，日本也不會大方到真正拿出鉅額「費用」來使科士達改變主意。對此，栗野慎一郎對陸奧宗光作了詳細的說明：

本官受閣下之訓示，為阻止科士達出行，除明言該氏為中日議和談判赴日為帝國政府嫌忌外，尚有如該氏出發前已無電報往復之間暇，亦可以金錢相試之一途。因科士達近年來與清國政府關係親近，已為不可掩飾之事實。目前，不僅每年從清國政府領取不少於2萬美元之津貼，而且祕密偵知此行有一舉置備終生家產之計畫。故以若干金錢左右其進退，絕無希望。此外，該氏此次出行不僅預期莫大之報酬，而且已就此次清國向日本應償之賠款與紐約某商行取得聯繫，有欲於美國募集銀幣公債之計畫。

栗野慎一郎的分析是有道理的。他認為靠少量金錢不可能解決問題，而不花錢反倒有可能解決問題。因此，決定說服科士達按日本政府

第一節　科士達與中日廣島會談

的意圖行事。

12月27日早晨，科士達按約定時間來到日本公使館。栗野慎一郎根據陸奧宗光訓示的主旨，作為一己之見對科士達說：

足下此次受清國政府之委託，作為中國特派全權大臣之顧問前往中國，乃基於清國政府之聘請。帝國政府對足下擔任該大臣之顧問，自不能任意干涉，但前此英國政府曾以賠償軍費及確認朝鮮獨立等條件建議和談，帝國政府已於三月前拒絕其調停。其後，帝國連戰皆捷，軍國敵愾有急遽上升之勢。因此，若提出與前此相同之條件，可以想像，無論如何不能為帝國政府所滿意。故閣下欲助清國大臣，愚見以為了解此事是為至要。否則，此次雖特意行成，或將成為泡影，亦未可知。

科士達早已成竹在胸，當即表示：

爾來日本政府所取之措施至當。軍國之機運將由此而起，乃勢所難免。閣下所示為本人所充分了解者。故本人對清國之境地將予以相當之忠告。並不得不盡力斡旋，以使日本政府滿意而許諾媾和。

結果，日本政府沒花一文錢而有收買之實，清政府花費巨資禮聘的顧問卻成了為敵人效力的幫凶。紙裡終究包不住火！當時美國報紙即報導，科士達係與日本公使「熟談之後，經日本政府之同意而赴日的」。栗野慎一郎不得不向報界發表宣告，「以更正其錯誤」[207]。這就是「此地無銀三百兩」了。

12月29日，科士達和他的私人祕書漢得森（Henderson）乘火車離開華盛頓到史達溫哥華，改乘加拿大的太平洋郵船「印度女王」號前往日本，於翌年1月21日晨抵日本橫濱。美國駐日公使譚恩在碼頭迎候，

---

[207]　以上引文見《日本外交文書》，第27卷，第872、874、877號。

第五章　馬關議和前後的國際關係

並將科士達接往東京。當天下午，在譚恩的陪同下，科士達拜訪英國駐日公使楚恩遲（Power Trench），並轉交了英國駐美大使龐士福特的一封介紹信。楚恩遲在英國駐華盛頓使館供職時曾見過科士達。譚恩也盛讚科士達是「一位極有能力的好人」、「肯定會為中國人出些好主意」，並認為他「或許能幫助結束這場不幸的戰爭」。[208] 科士達拜訪楚恩遲的目的顯然是探聽日本可能會向中國要求哪些條件，但毫無所得。從英國使館出來，他又拜訪了日本外交副大臣林董和俄國駐日公使希特羅渥。然後，他前往神戶，以等候張蔭桓一行的到來。

對於科士達這次來日使命的真正底細，日本輿論界是不知情的，所以有人撰文對他諷刺有加。例如受日本政府津貼的英文報紙《日本每日郵報》即刊登評論，認為：「在這種場合，根本不需要科士達先生這樣的大人物大駕光臨，一封簡短的法律文書掩飾不住這位前國務卿的身分。毫無疑問，許多日本人寧肯把科士達先生與中國使團的關係看作是一種新的外國干涉。……日本除了想在與相鄰的東方帝國談判中排除所有的外國成分外，迄今一直對最值得考慮的調解也持反對態度。日本不可能同意任何外國勢力插手目前正在迫近的談判。……如果北京政府不確實認真對待和談的關鍵問題的話，即使是十幾個科士達先生也肯定會一事無成。」[209] 陸奧宗光連忙授權當地報紙發表宣告，宣布科士達是中國議和使節的顧問，並稱：「我對科士達先生之來是很滿意的。他是我個人的朋友。他做了顧問後，那麼我們的行動，就受不到像我們單獨同中國會議，在方法上是不正常及遲延的那種限制。科士達先生是一位人格無

---

[208]　《中日戰爭與三國干涉（1894～1895）》，第96頁。
[209]　《中日戰爭和三國干涉（1894～1895）》，第56頁。

第一節　科士達與中日廣島會談

可指摘的、有經驗的外交家,他的出席將加速會議的進行。」[210]

事實上,伊藤博文和陸奧宗光早已商定要破壞這次會議,所以並未因為中國全權大臣有科士達身為顧問而使和談得以開始。1月30日早晨,張蔭桓一行抵達神戶,與在碼頭迎候的科士達相會。據楚恩遲公使向金伯利報告:「目睹中國使團登岸的人群採取了不友好的行為,尤其是日本當局故意讓他們受到冷遇。」成群的人從碼頭一直跟隨到中國使團下榻之處,「並用激烈的言辭發洩自己的感情」,而日本政府甚至「沒有向中國使節提供四輪馬車」。從《日本每日郵報》所發表的〈神戶記事〉一文,也可約略窺知張蔭桓一行到達日本時的情景:

人們不能說中國使節在星期三受到的接待是個良好的和平開端。就日本官員的態度而言,顯然非常冷淡,必要的儀式成了草草過場的形式;就前來觀看的民眾的態度而言,任何一個旁觀者都能看出,充滿敵意的氣氛彷彿達到了一觸即發的程度。……當中國使節離開碼頭時,人群裡頓時發出陣陣長時間的叫喊聲,情況變得嚴峻起來。但幸運的是,人群沒有把明顯的敵意進一步變成行動,否則中國使團可能會吃虧。因為雖有大批警察在場,但其人數仍不足以對付動武的暴徒。

中國使團乘小火輪離開神戶上船時也遇到了麻煩:

一艘正在裝煤的駁船擱淺了,而且不可能迅速開走,以便為小火輪讓路。中國使節們只好站在煤門和苦力中間等待著,直到一切恢復正常為止。我們不知道該駁船以什麼理由為藉口獲准在一個專供旅客上岸的碼頭裝煤。……此事和發生的其他幾件事情一樣,都證明日本當局似是敵意地冷淡中國使節及其隨員。[211]

---

[210]　《中日戰爭》(七),第 465～466 頁。
[211]　《中日戰爭和三國干涉 (1894～1895)》,第 113～115 頁。

第五章　馬關議和前後的國際關係

張蔭桓一行抵達廣島後，處境更加困難。日本方面「令居旅店，同人分為三處，均有日弁兵監守。有事出門，須先通知巡捕派兵同往，名為護送，免生意外事端，實則防我窺其虛實底蘊。該處坐無轎馬，出入皆乘東洋車，星使亦然。書信往來，先拆閱而後送。其防閑如此。而居處直似牢籠，不令自如」。張蔭桓欲往北京發密電，日方不允；中國國內打來電報，也扣壓不送。中國使節提出交涉，伊藤博文竟然答稱：「欲收發密電，須先將密碼書送交譯看，方可接遞。」對於日方的無理刁難，張蔭桓非常憤慨，讓科士達再出面交涉。科士達去見日本外務省外交顧問美國人端迪臣，也仍然未解決問題。對此，中國參贊官伍廷芳慨嘆道：「我將卒苟能奮勇於疆場，不容其狙披，何致就彼而受此欺慢！」[212]

2月2日，日方終於按照既定的謀畫，以中國代表「全權不足」為藉口中止了談判。事後，陸奧宗光和楚恩遲有一次關於廣島會議流產的談話。楚恩遲向金伯利報告說：

儘管陸奧先生談話很謹慎，但仍能聽出，他認為張、邵並非舉足輕重的人物，無權使談判成功。……他對身為政治家和外交家的張蔭桓評價很低。邵友濂曾出巨資懸賞過日本兵的頭顱，成為不受日本政府歡迎的人自在意中。從他的口氣中推測，他是希望中國派出恭親王和李鴻章這樣職位顯赫的人擔任全權大臣。若能如此，和平會大有希望。[213]

這番談話和盤托出日本破壞廣島和談的真實意圖。

日本方面為實現中國派恭親王或李鴻章赴日的目的，一方面由伊藤

---

[212]　《盛檔‧甲午中日戰爭》（下），第390～391頁。
[213]　《中日戰爭和三國干涉（1894～1895）》，第140頁。

第一節　科士達與中日廣島會談

博文向中國使團頭等參贊官伍廷芳暗示，一方面指派端迪臣對科士達作工作。2月2日晚間，科士達接到端迪臣派人送來的信，要求和他會晤。3日上午，端迪臣來到科士達的住所。於是二人進行過一次談話：

科士達：「我想知道，日方對談判是否抱著認真的態度？」

端迪臣：「日本同意讓前任臺灣巡撫邵大人以議和高級代表的身分來日，即足以證明日本政府是有誠意的。當邵的名字首次向日本政府提出時，並不知道50名在臺灣從事樟腦生意的日本人慘遭殺害一案就發生在他擔任臺灣巡撫期間，而且後來他還曾懸賞過日本官兵的首級。」

科士達：「鑒於上述情況，日本政府也許有理由反對讓邵大人擔任議和高級代表。是的，我一看到中國代表的所謂『全權』證書，就告訴他們其『全權』不充分。但又想日本全權大臣或許發現不了這個問題；若是那樣，談判就能夠進行。」

端迪臣：「日本不信任中國有尋求和平的誠意。正如伊藤總理大臣所言，中國向不講外交，唯知閉關自守，不信外國，是以與鄰邦相交不能開誠布公。從前曾有派大員與人定約不肯蓋印之事。又有條約已經定妥，無故不批准之事。其故在並非真心商議。因所派大臣權力不足之故。此次中國所派之大臣職位低微，亦是中國無誠意之例證。」

科士達：「我將與張大人同返上海，以便向北京替他們解釋失敗的原因。這次丟臉的失敗，既然不應由他們負責，我感到在他們困難時必須同他們站在一起。」

端迪臣：「日本是真實地願意和平，假若中國派遣恭親王或李鴻章帶著適當的委任狀，他們是可以受到接待的。伊藤總理大臣和陸奧外務大臣頗受在皇帝方面占有勢力的主戰派所拘束，主戰派主張要到奪取北京才媾和。假若派遣上述爵位最崇之人為使臣，就可允許同北京用密電

第五章　馬關議和前後的國際關係

聯繫,並為了他們的方便,選擇旅順或別處作為談判地點。」[214]

透過端迪臣的拜訪,科士達意識到:「日本人對於他們拒絕中國代表並不完全覺得安心,希望透過我向世界更完滿地說明他們行動的正當。」[215] 科士達也就不負所望,「臨去時,對使節的不妥適表示憤怒」。科士達對人說:「我到北京必請清廷派遣完全的使節,以充分的誠實完成媾和。」[216]

這樣,日本既破壞了廣島會談,又巧妙地透過科士達為李鴻章東渡點出主題。

---

[214] 以上據《中日戰爭和三國干涉(1894〜1895)》,第 140 頁;《科士達外交回憶錄》、《中日戰爭》(七),第 472〜473 頁;《盛檔・甲午中日戰爭》(下),第 393〜394 頁。
[215] 《中日戰爭》(七),第 472 頁。
[216] 《中日戰爭》(一),第 268〜269 頁。

第二節　李鴻章受命議和全權大臣

一　入京請訓

廣島會議剛剛被日本方面蓄意破壞，中日兩國又在準備進行新的媾和會談了。

2月17日，即日軍占領劉公島和俘獲北洋艦隊全部艦船的當天，日本政府便經譚恩轉來一電，其內稱：「中國另派大臣，除允償兵費、朝鮮自主外，若無商議地土及與日本日後定立辦理交涉能以畫押之全權，即無庸派其前來。」[217] 日本既實現了消滅北洋艦隊的計畫，又認為迫使清政府派遣「負有重望官爵」者赴日和談當無問題，便急切地盼望早些重啟談判。這與當時變化莫測的國際形勢也是有關係的。日本之拒絕中國使節，是以所謂全權不足為藉口，但其陰謀究竟欺騙不了世界輿論，於是引起西方列強的「莫大疑慮」。當時，歐洲幾個主要國家駐東京的公使，皆向日本政府提出過勸告：「日本對中國之要求，希勿過苛，務以中國能接受之程度為止，速謀恢復和平。」英國《泰晤士報》還刊載署名文章稱：「俄國政府已訓令其駐外大使，聯合英、法等強國對中日事件進行干涉，其時機將在中國自認戰敗、正式乞和之時。歐美各國當不允許日本割取中國大陸寸土。」[218] 情況的確如此。德國駐英大使哈慈菲爾德在呈給外交部的一封信中寫道：「現在，由於危機快要來到，或是三國

---

[217]　北京美國公使館：〈節錄中日議和往來轉電大略〉，《中東戰紀本末三編》第2卷，第34頁。
[218]　陸奧宗光：《蹇蹇錄》，第129頁。

第五章　馬關議和前後的國際關係

（英、俄、法）聯合一致作共同決定或行動，或是提供證據，說明他們不能達到諒解，各國必須尋取它自己的利益。如果我們想要一些東西，從我所得到的情報來推度，現在似乎已到決定我意旨的時候了。」[219] 列強都在積極窺測時機，以便獲得漁翁之利。對此，日本政府是非常清楚的。鑒於「歐洲的形勢已經逐漸露出不穩的情景」，陸奧宗光認為：「不如設法誘使中國政府早日再派媾和使臣，速行停止戰爭，恢復和平，以改變列強的視聽。要想達到這一目的，就不能像從前那樣再對中國政府隱祕中國的媾和條件。在中國使臣再來之前，至少須將重要的條件先行知照中國，使他們事先有了決心。」[220] 剛好是基於這種情況，日本政府才經譚恩向北京轉發那封並列重啟談判條件的電報。

張蔭桓等被逐回國後，清政府正處於一籌莫展之中。2月10日，署臺灣巡撫唐景崧致電總理衙門，內有請光緒帝「巡幸」之語，光緒帝以此「問諸臣，時事如此，戰和皆無可恃，言及宗社，聲淚併發」。翁同龢等「流汗戰慄，罔知所措」。剛好在此日，田貝接到譚恩轉來之電：「須另派十足全權，曾辦大事、名位最尊、素有聲望者，方能開講。」12日，慈禧召見樞臣於養心殿，論及田貝所接電報，謂：「所指自是李某，即著伊去，一切開復，即令來京請訓。」奕對曰：「上意不令來京，如此恐與早間所奉諭旨不符。」慈禧諭云：「我自面商。既請旨，我可作一半主張也。」[221] 先是在平壤失陷後，清廷以李鴻章「總統師干，統籌全局，是其專責，乃未見迅赴戎機，以致日久無功」之名，「拔去三眼花

---

[219]　《中日戰爭》（七），第331頁。
[220]　陸奧宗光：《蹇蹇錄》，第129～130頁。
[221]　《翁文恭公日記》，乙未正月十六日、正月十八日。

第二節　李鴻章受命議和全權大臣

翎，褫去黃馬褂，以示薄懲」。[222] 旅順失守後，又有廷旨去：「該大臣排程乖方，救援不力，深堪痛恨。著革職留任，並摘去頂戴，以示薄懲，而觀後效。」[223] 如今，朝廷不能派一個受處分的大臣出使日本，故慈禧諭「一切開復」。可見，她對派李鴻章赴日一事是早已胸有成竹。13日，即由軍機處將廷寄電達天津，其內稱：「李鴻章勳績久著，熟悉中外交涉，為外洋各國所共傾服。今日本來文，隱有所指。朝廷深維至計，此時全權之任，亦更無出該大臣之右者。李鴻章著賞還翎頂，開復革留處分，並賞還黃馬褂，作為頭等全權大臣，與日本商定和約。直隸總督北洋大臣著王文韶署理，李鴻章著星速來京請訓，切勿刻延。一切籌辦事宜，均於召對時詳細面陳。該大臣念時勢阽危，既受逾格之恩，宜盡匪躬之義，諒不至別存顧慮，稍涉遲迴也。」[224]

2月17日，即譚恩轉來日本政府電報的當天，清廷託田貝電譚恩：「李中堂奉派全權大臣，凡日本二十三日（夏曆）電內欲商各節，均有此全權責任，希即轉達日本政府。並問明擬在何處會議，即行電覆，以便約期前往。此次敕書詞意，悉照日本所發敕書辦理。」[225] 清廷這次格外小心翼翼，唯恐又被日方挑出什麼毛病，所以同時將敕書底稿一併附上。日本政府最重視的是中國全權代表是否有割地之權，因於19日經譚恩轉電說：「希望中國政府確言，能否保證按照本月17日日本政府電示之條件派遣其全權大臣。」26日，日本政府收到田貝所轉之電，接受日本的要求：「李鴻章被任命為頭等全權大臣，凡日本在本月十七日來

---

[222]　《光緒朝東華錄》，光緒二十年八月，第153頁。
[223]　《中日戰爭》續編（一），第603頁。
[224]　《李文忠公全集》奏稿，第79卷，第46頁。
[225]　《清光緒朝中日交涉史料》(2692)，第33卷，第31頁，附件二。

第五章　馬關議和前後的國際關係

電中所欲商各節，李氏均帶有執行此等任務之全權。」此時，清廷絕不敢有半點討價還價，生怕觸怒日本，再次關上和談的大門。這樣，李鴻章尚未赴日會談，割地已成定局。陸奧宗光頗為滿意地說：「中國政府的決心，至此似漸明確。」[226]

日本政府雖然和李鴻章重啟談判，但也挑剔了清廷的敕書。敕書的全文是：

> 大清國大皇帝敕諭：現因與大日本國重敦睦誼，特授文華殿大學士直隸總督北洋大臣一等肅毅伯李鴻章為頭等全權大臣，與日本國所派全權大臣會同商議，便宜行事，預定和約條款，予以署名畫押之全權。該大臣公忠體國，夙著勤勞，定能詳慎將事，締結邦交，不負朕之委任。所定條款，朕親加查閱，果為妥善，便行批准。特敕。[227]

對敕書底稿，日方提出了兩處修改意見：一是「現因與大日本國重敦睦誼」一語，「因」字下添一「欲」字；一是「預定和約」一語，「預定」二字改為「定立」。[228]「預定和約」本是抄襲廣島會議上日方敕書的用語，如今卻要中國方面將「預定」改為「定立」，足見其用心之良苦。

清政府頗為關心的是發密電的問題。2月23日，經田貝轉電東京：「按公法，全權大臣與本國可通密電，請日本按公法勿阻通密電。」[229]這對日本來說，本來是不成問題的，因為日本早已破譯了清政府的電報密碼。先是在去年6月22日，陸奧宗光致中國駐日公使汪鳳藻一電，宣告日本「斷不能撤現駐朝鮮之兵」[230]。此函是譯成中文後送交汪鳳藻的。

---

[226]　陸奧宗光：《蹇蹇錄》，第130頁。
[227]　《清光緒朝中日交涉史料》(2692)，第33卷，第51頁，附件一。
[228]　《清光緒朝中日交涉史料》(2738)，第34卷，第20頁。
[229]　北京美國公使館：〈節錄中日議和往來轉電大略〉，《中東戰紀本末三編》第2卷，第34頁。
[230]　《清光緒朝中日交涉史料》(1020)，第13卷，第22頁。

第二節　李鴻章受命議和全權大臣

23日，汪鳳藻向總理衙門發出長篇電文。外務省電信課長佐藤愛磨認為，此電文一定就是昨天致送的公函。經過研究，終於發現電碼編排規律的祕密。於是，又逆譯了6月6日以來的中國駐日公使館的往來密電。到8月4日為止，日本共破譯汪鳳藻的往來密電54通。此種密碼，中國方面此後迄未變更。[231] 廣島談判時，日本政府之所以不許中國使節發密電，主要是進行刁難，而且根本不準備和張蔭桓開談。此次重啟談判，也不便爽快地答應，便覆電說：「查閱全權敕書，果屬妥善，可允中國大臣發密電於其國。」[232] 無論如何，在清政府看來，發密電的問題總算解決了。

2月22日，李鴻章至京。光緒帝召見於乾清宮，與軍機大臣同入，軍機跪左，李鴻章跪右。李鴻章磕完頭，光緒帝溫諭，詢問途間安穩否，遂及議約事。李鴻章奏稱：「割地之說，不敢擔承；假如占地索銀，亦殊難措，戶部恐無此款。」翁同龢言：「但得辦到不割地，則多償當努力。」孫毓汶、徐用儀則奏：「不應割地，便不能創辦。」光緒復問海防情況，李鴻章答以：「實無把握，不敢粉飾。」遂退。李鴻章又與軍機大臣等集傳心殿議事。他首先提出，要翁同龢一起往日本議和。翁同龢說：「若余曾辦過洋務，此行必不辭。今以生手辦重事，胡可哉？」李鴻章說：「割地不可行，議不成則歸耳。」孫毓汶、徐用儀則謂不割地恐難成局，並以危語怵之。翁同龢仍主前說：「償勝於割。」李鴻章欲說動英、俄兩國出力，孫毓汶、徐用儀認為「辦不到」[233]。於是，諸人相對默默，皆計無所出。李鴻章「很知道中國不割讓給日本一塊土地，就沒

---

[231]　參閱呂萬和：〈甲午戰爭中清政府的密電碼是怎樣被破譯的〉，《歷史教學》1979年第6期。
[232]　北京美國公使館：〈節錄中日議和往來轉電大略〉，《中東戰紀本末三編》第2卷，第34頁。
[233]　《翁文恭公日記》，乙未正月二十八日。

第五章　馬關議和前後的國際關係

有簽訂和約的可能」[234]，卻堅稱「割地不可行」。翁同龢也不是不知道這一點，卻倡「償勝於割」之說。他們都盡量避開割地這個極為敏感的問題，因為誰都怕為此而承擔千古罵名。

當天，李鴻章偕孫毓汶、徐用儀訪田貝，以敕書底稿就商。美國政府前曾說明其對中日戰爭的基本態度：「只能依靠雙方的要求，做一個調處人而已，不能超越這個界限。」當李鴻章會晤田貝時，田貝仍以「一個中間人」的身分，用「可以為國家效勞的引誘，使他同意擔任這個危險的工作」。[235] 在之後的幾天裡，李鴻章赴英、法、德、俄等國使館，「意在聯繫，而未得要領，計無所出」。唯德國公使紳珂言：「若不遷都，勢必割地。」翁同龢極稱此議，謂：「至言哉。」[236] 孫毓汶必欲以割地為了局。於是，翁同龢、孫毓汶二人爭於傳心殿。孫毓汶駁曰：「豈有棄宗廟社稷之理？」翁同龢亦不敢盡其辭。當時，頗有人主張遷都。翰林院編修黃紹箕、沈曾桐等聯銜上疏，奏陳四事，「兼及遷都之計」。侍讀學士文廷式也認為：「不顧戀京師，則倭桐無所挾持。俄王保羅之敗法主拿破崙，空都城以予之，是良法也。」乃疏言：「此時戰既不足恃，和更不宜言，唯有預籌持久以敝敵之法。」禮部右侍郎李文田也在「考歷代遷避之得失，欲有所論」。翁同龢「密遣人詢李所考歷代得失，蓋講幄之間當偶及之」。先是遼東敗耗傳來，慈禧「恆令順天府備車兩千輛、騾八百頭」，準備逃難，「然始終不行」。及至張蔭桓、邵友濂廣島被拒，「宮中亦懼，命順天府仍備騾車」。慈禧一度有逃太原之意，召山西巡撫張煦「來京預籌移頓事，顧戀惜愈甚」。躊躇久之，乃止，曰：「西巡

---

[234]　《中日戰爭》（七），第491頁。
[235]　《中日戰爭》（七），第457、458、491、492頁。
[236]　《翁文恭公日記》，乙未正月三十日。

第二節　李鴻章受命議和全權大臣

亦可,但無以服肅順之心耳!」工部尚書孫家鼐老於官場,洞悉宮中諸事,乃致書李文田云:「勿奏請遷都,若倡遷議必有奇禍。」[237] 翁同龢向孫家鼐詢遷都之策時,孫家鼐亦力「持不可」[238]。遷都之意乃止。既不肯為遷都之計,只有出於割地之一途了。

連日來,李鴻章奔走於各使館之間,英、俄、德等國使臣也曾回訪,「然無切實相助語」。因為從列強那裡找不到支持,李鴻章在割地問題上的態度也有所變化,不再唱「割地不可行」的高調。相反,2月25日,光緒帝召見群臣時,李鴻章面奏,即「略及割地」。奕「亦發其凡」。翁同龢不表贊同,餘者皆不表態。殿內寂寂,空氣沉悶之至。26日,慈禧知李鴻章所奏,奕所陳,甚感不歡,曰:「任汝為之,毋以啟予也。」她不是對一切事都撒手不管,而只是不管割地之事。看來,她也是怕落個割地的罵名。此日,翁同龢窮一日之功遍閱《普法戰紀》四冊,也未得到擺脫目前困境的啟示,深感疲憊鬱悶。到28日,光緒帝以遣使事不可久拖,諭樞臣曰:「汝等宜奏東朝,定使臣之權。」而奏事太監來傳:「慈體昨日肝氣發,臂痛腹瀉,不能見。一切遵上旨可也。」[239]迫於事勢,卒予李鴻章以商讓土地之權。

3月2日,李鴻章上摺奏陳預籌赴東議約情形云:

項軍機大臣恭親王等傳奉皇上面諭,予臣以商讓土地之權。聞命之餘,曷勝悚懼!竊以中國壤地,固難輕以與人。至於戎狄窺邊,古所恆有:唐棄河湟之地,而無損於憲武之中興;宋有遼夏之侵,而不失為仁英之全盛。征以西國近事,普法之戰,迭為勝負,即互有割讓疆場之

---

[237]　文廷式:〈聞塵偶記〉,《近代史資料》1981 年第 1 期。
[238]　孫景周:《壽州孫文正公年譜》(抄本)。
[239]　《翁文恭公日記》,乙未二月初一日、二月初二日、二月初四日。

第五章　馬關議和前後的國際關係

事。一彼一此,但能力圖自強之計,原不嫌暫屈以求伸。此次日本乘屢勝之勢,逞無厭之求,若竟不與通融,勢難得解紛紓急。詳閱日本致田貝兩電,於兵費及朝鮮自主兩節,均認為已得之利,而斷斷爭執,尤在讓地一層。唯論形勢,則有要散;論方域,則有廣狹。有暫可商讓者,即有礙難允許者。臣必當斟酌輕重,力與辯爭。所慮者,會議之初,先議停戰,西例只有議停數日或一兩旬之案,設磋磨未定,而停戰期已滿,彼仍照舊進兵,直犯近畿,又當如何處置?至兵費雖允償還,多寡懸殊,亦須從容商定數目。其所云日後日本想有別事應行整辦,包藏非止一端,並當相機迎拒。但能爭回一分,即少一分之害。伏念此行,本係萬不得已之舉。皇上軫念生靈,不恤俯從群議。臣受恩深重,具有天良,苟利於國家,何暇更避怨謗?唯是事機之迫,關係之重,轉圜之難,均在朝廷洞鑑之中,臣自應竭心力以圖之。[240]

當天夜裡,李鴻章與翁同龢長談,議及割地,翁同龢說:「臺灣萬無議及之理。」[241] 亦未取得一致意見。

3月3日,李鴻章奉廷寄:「該大臣膺茲巨任,唯當權衡於利害之輕重,情勢之緩急,通籌全局,即與議定條約,以紓宵旰之憂,而慰中外之望,實有厚望焉。」同一天,軍機大臣、慶親王奕劻公奏慈禧,稱:

臣等伏思倭奴乘勝驕恣,其奢望不可億計。現在勉就和局,所最注意者,唯在讓地一節。若駁斥不允,則都城之危,即在指顧。以今日情勢而論,宗社為重,邊徼為輕,利害相懸,無煩數計。臣等前日懇請召見,旋奉傳諭,命臣等請諭旨遵辦。皇上深維至計,洞燭時宜,令臣等諭知李鴻章,予以商讓土地之權,令其斟酌輕重,與倭磋磨定議。昨據

---

[240]　《李文忠公全集》奏稿,第79卷,第47～48頁。
[241]　《翁文恭公日記》,乙未二月初六日。

第二節　李鴻章受命議和全權大臣

田貝送到日本覆電，定於長門會議。李鴻章自應迅速起程，免致另生枝節。[242]

奏既上，慈禧因仍在「養病」，默不表態。這樣，割地之斷「出自宸斷」[243]，也就定下來了。4日，李鴻章單獨請訓，領下全權敕書。請訓既畢，便於5日離京返津，候輪東渡。

二　密訪英使歐格訥

李鴻章雖受命赴日議和全權大臣，但從內心來說，他是很不情願承擔此任。他曾透過駐英公使龔照瑗向英國外交大臣金伯利透露出自己的心曲：「很不願意承擔與日本談判這一費力不討好的任務。」並認為：「日本不應該拒絕張蔭桓。因為此人曾任駐美公使，有很豐富的外交經驗。」金伯利則希望李鴻章能承擔此任，他說：「日本自然要求中國全權大臣是名位顯赫的人物。在我看來，為了中國的利益，無論如何李中堂都應當承擔此項任務。雖然這可能是一項相當艱鉅的任務，我也很同情他勉為其難，但相信他願意為自己的國家作出這樣一項重要貢獻。」[244] 應該說，李鴻章是懷著極其複雜的心情擔當此任的。

李鴻章感到最為難的還是割地問題，而別無他法，只好向列強求助。他抵京後連日拜訪英、法、德、俄等國使館，意即在此。他主要寄希望於英國。2月23日，即到達北京的第二天，李鴻章便滿懷希望地造訪英國公使歐格訥。

---

[242]　《李文忠公全集》奏稿，第79卷，第49～50頁。
[243]　《清光緒朝中日交涉史料》(2736)，第34卷，第19頁。
[244]　《中日戰爭和三國干涉（1894～1895）》，第96頁。

第五章　馬關議和前後的國際關係

其實，早在幾天前，歐格訥即料到李鴻章會來找他。2月20日下午，總理衙門大臣孫毓汶和徐用儀曾來拜訪過歐格訥，對英國政府及公使本人在中國危難之中給予的幫助表示感謝，並告知李鴻章總督即將來京。孫毓汶說：「從美國公使處聽說，日本除朝鮮獨立和戰爭賠款之外，還要求割地，為媾和造成嚴重障礙。此事不僅關係到中國，也關係到其他國家，尤其是英國。中英兩國的政治利益是一致的，所以願意知道英國的想法。」歐格訥答稱：「對於此事，我不能妄加評論；而且沒有本國政府的指示，我也不應該隨意評論。但且勿以此而中斷談判。日本方面或許能夠作出某些讓步。比起打仗來，爭取到一些讓步還是值得的。照中國目前的軍事地位看，最重要的目標應是阻止首都被占領。而我堅信，要防止此事發生，只有讓總督儘早開始和談。」[245] 歐格訥知道把孫毓汶、徐用儀打發走了，李鴻章隨後便會來訪，而且其目的仍是試探能否依賴英國的有效幫助以阻止日本割地的要求。

2月23日，李鴻章帶著羅豐祿一起來到英國使館，略作寒暄後，便轉入正題，談起日本提出割地的要求：

李鴻章：「日本來電，中國大臣非有商讓土地之權勿往議和。割北方領土會影響俄國，割臺灣則會影響英國。中國擬抵制割地要求，是否能得到英國的某種支持？」

歐格訥：「以個人之見，中國應與日本達成協議，以免出現北京被占領的結局。為了和平，中國值得作出巨大犧牲。」

李鴻章：「俄、法公使已答應向其本國政府發電，為此事尋求支持。也請向貴國外部發電轉述此意。」

---

[245]　《中日戰爭和三國干涉（1894～1895）》，第219～220頁。

第二節　李鴻章受命議和全權大臣

歐格訥：「在本人看來，此時發電請示無疑為時尚早，因為日本之割地要求還不夠明確。但必將尊意轉告外交大臣。」

2月24日下午，李鴻章又密訪歐格訥，繼續昨日未能畢辭的談話：

鄙人已被皇上授與全權，作為中國全權大臣前往日本議和。承認朝鮮獨立和戰爭賠款不會有太大困難，唯要求割地則成為締結和約之嚴重障礙。無論從哪方面講，各大國特別是英國都應出來幫助中國。中國將會以德報德，準備讓出最有價值的重要權利。[246]

說到此處，他拿出一份文件，稱之為〈中英同盟密約草稿〉。然後轉顧羅豐祿，要他翻譯出來。「草稿」共四項內容：

一、中國同英國建立聯盟。英國應確保中國的完整，中國應在英國與另一國作戰時幫助英國。

二、中國陸軍、海軍、財政及民政管理事務的改革應徵詢英國的意見。英國將推薦合適的官員由中國任用；中國也有權僱用其他國家的官兵。

三、中國準備在公允的條件下給予英國臣民以修築並經營鐵路、開發並經營煤礦、鐵礦和其他礦山，以及在通商口岸設立並經營各類工業企業的特權。關於鐵路、礦山和內地工廠，中國可在25年之後按當時的合理市價收回。

四、中國將本著友好的精神，考慮英國增開新口岸的要求，以及發展商業和調整稅收的建議，在不影響歲收的原則下發展對外貿易。[247]

羅豐祿把這份〈中英同盟密約草稿〉譯完，李鴻章才向歐格訥挑明這是一位英國人士李提摩太的建議，並說最好讓歐格訥知道這一內情。

---

[246]　以上引文見《中日戰爭和三國干涉（1894～1895）》，第92、234頁。
[247]　《中日戰爭和三國干涉（1894～1895）》，第244頁。

第五章　馬關議和前後的國際關係

李提摩太是何許人呢？他是一位英國傳教士，於西元 1870 年來華，先後在山東、東北、山西等省傳教。此人與張之洞等清朝官員過從甚密。1890 年曾任天津《時報》主筆。1891 年到上海，任同文書會總幹事。此次李鴻章來京之前，李提摩太從上海來電，自稱有挽救時局的「妙法」。清廷正處於困境之中，便指示「不妨姑試」。李提摩太的所謂「妙法」，其實就是他草擬的這份題曰〈中英同盟密約草稿〉的建議。李鴻章一廂情願地認為，此建議對英國一定會有很大的誘惑力，是足以說動英國人的。這就是為什麼當他初次與樞臣論及割地事時，堅稱「割地不可行」。於是，他幾經斟酌，決定帶著這個建議密訪歐格訥。

歐格訥非常專心地聽完文件的口譯。據他聽後的領會，此建議的大意是：「英國政府應代表中國政府同日本交涉，即由英國出面結束戰爭，挽救中國，使之不喪失任何領土。中國政府為報答這一援助，將實際上在若干年內將整個的國家管理權移交給英國，並由英國獨攬改組和控制陸海軍、修築鐵路、開採礦山的權利，而且還為英國通商增開幾個新的口岸。」[248] 李鴻章看歐格訥沒有作出什麼反應，便問是否聽清楚這些話。歐格訥作了確定的表示。

李鴻章說：「皇上指望英國的指導和幫助，比任何國家都要殷切得多。昨天我把閣下的話對皇上覆述了一遍，明天皇上又會問今天下午說了些什麼。因此，希望能聽到閣下的意見：中國政府應當做些什麼？」在歐格訥看來，所謂「中英同盟密約」，只不過是清政府設下的「誘餌」，打定主意拒絕上鉤。他鄭重地告訴李鴻章：「我沒有什麼好說的，只能最真誠地提醒中堂，不失時機地開始和談是極為適宜而重要的。和

---

[248]　《中日戰爭和三國干涉（1894～1895）》，第 234 頁。

第二節　李鴻章受命議和全權大臣

談的基礎,也只能以日本可能接受為準。條件還很空泛,我想任何一個歐洲國家都不可能發表什麼意見。我毫不懷疑,中堂到日本後可以用密碼同政府聯繫,並在談判進行中得到適當的諭示。我認為,眼前最迫切的任務是盡可能避免日本人占領北京。否則,局勢就更加困難和危險了。日本不會要求、中堂也不會同意接受足以破壞中國獨立和生存的條件,或足以妨礙中國走上改革和西方進步的道路的條件。這種改革和進步將會給中國以新生和力量,而為了促成它,可以信賴英國政府在力所能及的情況下給予一切幫助。」[249] 歐格訥的回答,實際上是婉言地謝絕李鴻章的請求。最後,李鴻章提出,到日本後沒有辦法和各國使節聯絡,能否派一名英國使館人員一同前往。歐格訥也以「這樣做無濟於事」為由而加以拒絕。

李鴻章與歐格訥兩次長談,為時共達近 5 個小時,而不得要領,使電令駐英公使龔照瑗「速赴外部密商託」。2 月 25 日,龔照瑗到英國外交部拜訪金伯利,並帶來徵詢意見的口信。略謂:「倭電非有商讓土地之權勿往,上意不允;允之,北則礙俄,南則礙英、法。」[250] 金伯利聽後說:「我毫不猶豫地認為,李鴻章應得到就所有問題,包括割地問題,進行談判的全權。中國的處境非常危險,所以有可能簽訂和約顯然是有利的。授權給一位全權大臣就割地進行談判,完全不是丟人的事情。歐洲列強曾有過在戰敗之後以此為前提求和的事。何況若中國感到日本提出的條件太苛刻而難以接受,還可以隨時中斷談判。當然,我不能代表其他大國發言,因為我還未曾同它們商談這個問題。但是,我有點懷疑,俄國和法國會提出類似的建議。」龔照瑗問:「閣下是否能對割讓中

---

[249]　《中日戰爭和三國干涉(1894～1895)》,第 234～235 頁。
[250]　《中日戰爭》續編(六),第 591 頁。

第五章　馬關議和前後的國際關係

國東北或臺灣發表意見？」其實，英國政府此時已經掌握日本準備割占中國東北或臺灣的情報，金伯利卻回答說：「我暫時不能發表意見，因為我認為現在就開始討論這個問題為時過早。」[251]

在英國公使和外交大臣兩處都碰了壁，李鴻章仍不甘心，想再作一次嘗試。3月2日，他致電龔照瑗說：「現各使所論與外部相符。說出索項後，如與英、俄無甚礙，未必出力。另有電旨，託各國君轉達倭主。奉到後如何回答，希電示。」同一天，龔照瑗奉總理衙門寄到國家致英、法國主電信各一件。其致英王電信稱：

大清國大皇帝問大英國大君主好。朕現定派大學士李鴻章赴日本，與商停戰定約，以全民命，息爭端。素諗大君主以保平安為心，希設法力勸，總以公道議和為望。

總署電訓示：「此電以親遞為慎重。與外部商定英如親遞，法宜一律，即馳赴法都呈遞，以速為要。……致法國電同上，君主改大伯理璽天德。」[252]

英國政府不同意中國公使覲見女王親遞國電。3月8日，金伯利致電龔照瑗稱：

明天閣下要求女王陛下接見，以便呈遞中國皇帝發來有關中日兩國停戰定約的電報，我當即向女王陛下轉告了閣下的要求。現奉女王陛下之命，向閣下作出如下解釋：為接受政治信件之故，君主接見外國使節或公使，不符合一般外交慣例，也不合乎英國宮廷之習慣。女王陛下為不能接見閣下，以便使閣下親自呈遞國電，而感到遺憾。奉諭：中國國

---

[251]　《中日戰爭和三國干涉（1894～1895）》，第93頁。
[252]　《中日戰爭》續編（六），第592頁。

第二節　李鴻章受命議和全權大臣

電由使臣面交外交大臣轉遞酌復，以期便捷。[253]

李鴻章在天津一面候輪，一面懸念倫敦消息，至此始知佳音無望。他懷著無可奈何的心情，於3月14日乘輪東航，開始了他赴日和談的歷程。

---

[253]　《中日戰爭和三國干涉（1894～1895）》，第107頁。

第五章　馬關議和前後的國際關係

第三節　《馬關條約》與列強

一　日本草擬《媾和預定條約》

早在西元 1894 年 10 月英國再倡調停之後，陸奧宗光考慮，日軍的進攻雖暫時不能停止，但總不能無限期地打下去，因此暗地裡和伊藤博文商議，要擬定一個《媾和預定條約》，以備議和條件成熟時應用。

此時，日本國內主戰的氣勢仍然毫未減退，但在軍政及社會各界人士之間也漸露主和之說。「然其間寬嚴精粗，彼此意見出入很大。」[254] 就是說，各界關於媾和條件的見解是分歧很大的。

首先，日本政府內部的主張就很不一致。陸軍方面主張：「遼東半島是中國軍隊流血犧牲奪取來的，這和中國軍隊足跡尚未踏及的臺灣不能相提並論，而且遼東半島既控朝鮮的側背，又扼北京的咽喉，為國家前途久遠之計，絕不可不歸我領有。」海軍方面主張：「與其割取遼東半島，不如割取臺灣全島。而且，在這一派中間，其中稍以遼東半島為重者，則主張遼東半島如不可能完全由中國占領，可使中國將該半島先讓與朝鮮，中國再從朝鮮政府租借；至臺灣全島則必須劃歸中國版圖。」至於財政部門，則對戰爭賠款興趣最濃，「特別希望取得鉅額賠款」，後來甚至實際化到「主張 10 億兩賠款」。[255]

日本各政黨更是「對於中國的割讓唯欲其大」。對外強硬派主張：「在

---

[254]　陸奧宗光：《蹇蹇錄》，第 114 頁。
[255]　陸奧宗光：《蹇蹇錄》，第 115 頁。

第三節　《馬關條約》與列強

中國主動乞和投降以前，海陸軍的進攻不可停止。為永久壓制中國的反抗以及作為維持東亞和平的保證，至少應使中國將其東北部（奉天省）和臺灣重要領土割讓予帝國；賠償軍費至少為 3 億元以上。」屬於此派的改進及革命兩黨的首領人物主張：「戰後如果中國不能自保其國家，而陷於自暴自棄、放棄其主權時，中國必須有瓜分 400 餘州的決心，屆時應將山東、江蘇、福建、廣東四省劃入中國版圖。」自由黨則主張：「應使中國割讓吉林、奉天、黑龍江三省及臺灣；並締結中日兩國通商條約，其條件應超過中國與歐洲各國所訂的條約。」這些政黨首領們的心態，誠如陸奧宗光所描述的那樣，「陶醉在百戰百勝的浮誇之中」、「口出大言，高談闊論，以圖取快一時」。

誠然，在當時的日本，也有二三有識之士對此不以為然，認為「媾和條件若失之過苛，並非上策」。還有人上書伊藤博文，「引證西元 1866 年普奧戰爭的歷史，斷言要求割地將會影響中日兩國將來的邦交」。有這種清楚認知的人士究竟是鳳毛麟角，而且「只是三三兩兩相聚一起，竊竊私議，又豈能起到挽回社會狂瀾的作用？」[256]

日本的報紙則一面不斷鼓吹戰爭應繼續打下去，直至中國無地自容，一面熱烈討論一旦中國求和，應要求何等媾和條件。其言論形形色色，甚至有荒誕至極者。多數意見可歸結為三條：一、中國支付不少於 5 億美元的鉅額賠償金；二、整個中國海軍艦隊和商業船隊向日本投降；三、中國完全放棄朝鮮。在上述條款的基礎上還要增加兩項：一是「把臺灣永久割讓給日本」；二是「割讓包括牛莊在內的整個遼東半島」。此

---

[256]　以上引文見陸奧宗光：《蹇蹇錄》，第 114～116 頁。

第五章　馬關議和前後的國際關係

外，有的甚至要求「擴大割讓包括以北直隸灣為界的東三省」[257]。這樣一來，連奉天和北京都要併入日本了。

「把臺灣永久割讓給日本」幾乎是日本各階層人士的普遍要求。對此，一個名叫朗佛德（Joseph Henry Longford）的英國人分析說：

> 日本覬覦臺灣的原因是多方面的。從地理上看，地理學家可能這樣說，臺灣是日本以琉球群島為終點的島鏈上繼續延伸的一部分，健全這條島鏈對組成日本帝國十分必要。從感情上說，370多年前，在中國人獲得任何立足之地以前，日本已試圖在臺灣島上培植一塊殖民地。若不是荷蘭冒險者憑詭計占有了這塊殖民地，並把日本人驅逐出去，日本本來可以長期占領整個島嶼的。從經濟上講，臺灣島對日本將來的潛在價值幾乎是不可估量的。再就戰略而言，日本不用多少年就能夠在島上建成軍事基地。萬一將來中國恢復了足夠的國力，並試圖為目前遭受屈辱而對日本進行報復時，該基地不僅對包括汕頭、廈門、福州等重要而富庶的城市在內的整個中國南海岸構成真正的威脅，而且將使經過臺灣海峽的中國南北口岸之間的海岸貿易線可能隨時被切斷。這樣，日本南有不亞於旅順的海軍基地的臺灣島，北有派駐精兵把守的遼東半島，就再也不用擔心中國東山再起。無論其未來的命運如何日本都可以高枕無憂了。[258]

從以上分析可以看出，日本的確是想透過這次戰爭而置中國於萬劫不復之地，其用心是十分險惡的。

當時，日本奉職在外的外交官員，日日與歐美國家的政界人士周旋，往來於各大國使節之間，目睹列強政治動向，窺探列強政治內幕，更是積極提出自己的建議和主張。其中，尤為值得注意的是日本駐英、

---

[257]　《中日戰爭和三國干涉（1894～1895）》，第36～37頁。
[258]　《中日戰爭和三國干涉（1894～1895）》，第34頁。

第三節　《馬關條約》與列強

俄兩國的公使青木周藏和西德二郎。

10月9日，青木周藏致電陸奧宗光：

勿聽任何調停，直至取得另一次決定性的勝利。如我必須放棄朝鮮，媾和條約只能得到臺灣島，則賠款不少於一億英鎊，金銀各半。清國必須割讓領土給朝鮮，使其擴張至河邊岩壁，形成古老之朝鮮疆域。這樣，可使朝鮮將釜山浦及其毗連之領土割給日本。另外，日本必須為簽約國之一，以保證朝鮮之完整和獨立。將來無論東亞出現什麼問題，都必須徵求日本的意見。[259]

到11月26日，青木周藏又對媾和條件進一步向政府建議：

一、割取奉天省及不與俄國接壤的吉林省大部分以及直隸省的一部分，另外在中朝兩國之間劃出約5,000平方日里（著者按：約相當於7.7萬平方公里）的中間地帶，為將來中國掌握亞洲霸權的軍事根據地。

二、賠款應為英幣1億鎊（著者按：約近7億兩白銀），其中一半為生金，另一半為銀幣，分10年償清。

三、日本外交文在償清賠款以前，日本軍應占領東經120°以東的山東省一部和威海衛及其炮臺武器，駐兵費應由中國負擔。

最後並附言：「歐洲的輿論，只要不影響歐洲的利害或中國的存亡，不論提出任何條件均無異議。」[260]

西德二郎一直密切地觀察俄國對中日戰爭的動向，並不斷向外務省傳送情報和提出建議。早在9月30日，他就向陸奧宗光報告說：

俄國在朝鮮的利益非一也。其一，朝鮮之豐富資源遲早不得不開

---

[259]　《日本外交文書》，第27卷，第793號。
[260]　陸奧宗光：《蹇蹇錄》，第115頁。

第五章　馬關議和前後的國際關係

發,而當西伯利亞鐵路竣工之時,朝鮮必成為俄國之市場。其二,儘管俄國遠東海軍逐年趨於強大,然尚無一個冬季不封凍之港灣,而朝鮮則富於天然良港。加以將來同清國在商業上之密切關係,此等港灣對俄國商船之停泊確有必要,故無論使朝鮮劃歸清國或日本版圖皆為俄國所不願。

西德二郎指出俄國的立場是:

日本雖可同北京政府進行任何談判,但俄國必堅決反對破壞朝鮮之獨立。並且,還要既使日本斷絕占領與俄國接壤的鄰國朝鮮之念,又使其充分了解不可妄信英國之助。日本即使繼續派兵深入清國國土之內,也是日本之自由,他國絕不應干涉。但是,當日本獲得全勝並要求賠償和索取土地時,絕不能容許將朝鮮變為日本之州郡。[261]

西德二郎連日訪問與日本關係密切的政界人士,並拜訪外交大臣吉爾斯和副大臣基斯敬。根據所掌握的情況,於11月30日夜電告陸奧宗光:

據同情日本的俄國人某氏的意見,為日本的利益著想,早日結束戰爭,索得鉅額賠款為上策。蓋接受土地讓與時,恐將導致他國干涉,而使事態發生困難也。依本官之見,因戰爭勝利而獲得適當之結果,事屬無疑。但為謀求中國之利益,在同清國媾和之時,應迅速於軍事報酬中增加讓與臺灣之款,則為最上之策。

當他與吉爾斯會見後,又進一步地認可上述主張,於12月1日致電陸奧宗光稱:

此地人們所思慮者,即使我軍進而取得攻陷北京之勝利,也並不希

---

[261]　《日本外交文書》,第27卷,第789號。

第三節 《馬關條約》與列強

望我分割大陸之領土。何則？蓋要求朝鮮之一部，則俄國亦必要求其所欲之另一部；要求滿洲南方之一部，則英、俄必共同反對之。……既然我得此機會不能不索取土地，依本官之見，莫如以軍費賠償之一部指望於臺灣。因此島今後可給我以重大利益，且久被清國擱置；讓之，對其國運之興衰並無重大影響。即使對於俄國，亦無任何關係。雖可推知英國或有所舉動，然若俄國不加反對，恐英國亦必不強爭之。[262]

看來，在割讓土地問題上，青木周藏看重中國北部，西德二郎則看重臺灣，其主張也是大相逕庭的。

先是在10月間，英國再倡調停之後，陸奧宗光草擬甲、乙、丙三個備用的媾和方案，作為進一步修改和完善的基礎。其內容如下：

甲案：「一、中國承認朝鮮獨立，不干涉朝鮮內政；割讓旅順口及大連灣予日本，作為永久保證。二、中國賠償日本軍費。三、中國以其與歐洲各國所締結的現行條約為基礎，與日本締結新條約，並在履行上述條件以前，中國應予日本政府充分擔保。」

乙案：「一、由列強擔保朝鮮獨立。二、中國將臺灣全島割讓予日本。其他條款與甲案相同。」

丙案：「在日本政府宣布停戰條件以前，先要問明中國政府的意向如何。」

陸奧宗光將三個媾和方案徵求伊藤博文的意見，伊藤博文認為乙案中「由列強擔保朝鮮獨立」不妥，無異於同意列強插手朝鮮問題，既不符合日本的戰爭目的，也會使日本割取旅順口、大連灣失去藉口，因此「明確復示同意甲案」[263]。這樣，朝鮮獨立、割讓旅順口和大連灣和臺

---

[262]　《日本外交文書》，第27卷，第836、837號。
[263]　陸奧宗光：《蹇蹇錄》，第106頁。

第五章　馬關議和前後的國際關係

灣、賠償軍費、締結新商約四項條件便被認可，成為以後日本政府制定媾和條約的大致內容。

10月23日拒絕英國調停之後，陸奧宗光便著手在甲、乙兩案的基礎上，並按照通常的條約形式，寫出了《媾和預定條約草稿》。此草稿共十條，其中最主要的是以下六條：

第一條　國確認朝鮮國確為完全無缺之獨立自主之國，將來概不干涉該王國內政外交。故凡有損獨立自主體制，即如該王國對清國所修貢獻典禮等，嗣後全行廢絕。

第二條　國保證永不干涉朝鮮內政外交，將……半島北緯……度止之地及與該半島接近之……島之主權，並該地方所有堡壘及官屬物件，永遠讓與日本。

第三條　國約將金幣……圓或相當於此的純金交與日本，作為賠償軍費。該項賠款分為五年交完，每年交付同一數額。第一次應於……時或以前交清；所餘四次，應與前次交付之期相同，或於期前交付。又第一次賠款交清之後，未經交完之款，應按年加每……抽……之息。又，清國將臺灣全島及……島之主權，並該地方所有堡壘及官屬物件永遠割與日本，作為賠償軍費，清國軍隊即從該地方撤退。自本約批准交換日起，日本國得任便占領上述地方。

第五條　清兩國所有約章，因此次失和，自屬廢絕。清國約俟本約批准交換後速派全權大臣，與日本國所派全權大臣於……會同訂立通商行船章程。其兩國新訂約章，應以清國與歐洲各國現行條約為本。又本約批准交換日起，新訂約章未經實行之前，所有日本政府官吏臣民及商工業船舶，清國予以最惠國待遇。清國約為下列讓與各款，自本約批准交換之日起實行：

第三節 《馬關條約》與列強

第一，日本國臣民運進清國一切貨物，隨辦理運貨之人或貨主之便，於進口之時或進口之後，按貨物原價輸納每……抽……之稅。所到地方，勿論何種名目，何項利益，所有內地諸費均當豁除。但逐時所訂洋藥進口章程，與此款所定毫不相涉。

第二，日本國臣民得在清國任便從事各項工藝製造，又得將各項機器任便裝運進口，只交所訂進口稅。

第三，清國約博採專門熟練者之說，務速疏濬吳淞河口沙灘，雖在落潮時亦須足……尺深，永勿任其阻塞。

第七條 國為保證認真實行約內所訂各款，準日本國軍隊暫時占領下開各處……、……。日本國依本約所定賠償軍費交清情形漸次撤軍，每交清一次賠款撤出一城。但通商行船章程批准交換以前。日本國仍不撤回軍隊。

第八條 約批准交換後，兩國應將是時所有俘虜盡數交還。清國約將日本國所還俘虜並不加以虐待或處刑。

這份草稿有四點值得注意之處：（一）第一、二、三、五、七各條多用刪節號，只開列了媾和條件的框架，而缺乏實際的指明。（二）賠償軍費一條前面用一「約」字，說明對賠款數目尚難確定。（三）以「賠償軍費」的名義割讓臺灣。（四）要求賠款用金幣或純金付給。可見，這只是一份尚不完全成熟的框架草案。有的日本學者斷定它是日本政府制定媾和條約過程中最初的「原始方案」[264]，中國學者認為它是陸奧宗光與伊藤博文最初商討媾和條件的「《預定條約》草稿」[265]，應該是可信的。

那麼，這份「原始方案」究竟草成於什麼時間呢？從其條款看，其

---

[264] 中塚明：《日清戰爭研究》，第 260～263 頁。
[265] 崔丕：〈中日「馬關條約」形成問題研究〉，見《近代史研究》1987 年第 4 期，第 90 頁。

第五章　馬關議和前後的國際關係

中明顯地吸收了青木周藏和西德二郎建議的部分內容,如要求中國賠償軍費支付金幣或純金、割讓臺灣作為賠償軍費之一部等即是。大致上可以推知,這份「原始方案」應草成於 11 月底左右。

二　《媾和預定條約》的實際化和修改

陸奧宗光提出的《媾和預定條約》草稿文字比較粗糙,只勾畫了媾和條件的大致框架,還是一份尚須進一步整理和充實的手稿。這並不難理解。日本政府深知,要確定適宜的媾和條件不是一件簡單的事情,一方面固然要盡量滿足國內各方面的貪欲和願望,另一方面,更為重要的是,要考慮到列強的態度和動向。

當時的國際形勢是十分複雜微妙的。陸奧宗光說:「此時,歐洲列強為欲獲悉中國政府對中國要求的條件內容,皆在飛耳張目,百方探索,甚至間或發出揣摩臆測之說,對於中國往往懷有不正確的疑懼,危機何時爆發難於逆料。」[266] 的確,歐洲幾個主要國家為了自身的利益,都在千方百計地探聽日本的媾和條件。在這一點上,英、俄兩國的利益有其一致性,所以一度出現了暫時的聯合。英國駐日公使楚恩遲、俄國駐日公使希特羅渥都曾奉到本國政府的指示,共同向日本政府提出:如果日本不能接受中國的講和提議,應當闡明自己的要求。並希望日中兩國透過談判迅速締結和約。只是他們考慮到採取聯合署名的照會形式會引起日本的恐慌,顯得不夠策略,所以才決定改用口頭的方式向日本提出。其後,法國駐日公使哈爾曼(Jules Harmand)也接到本國政府的指示,同

---

[266]　陸奧宗光:《蹇蹇錄》,第 117 頁。

第三節 《馬關條約》與列強

意三位公使「分別向日本政府口頭轉達各自政府的願望」。[267]

不僅如此，歐洲各國也顯露出準備干涉的苗頭。10月9日，日本駐義大利公使高平小五郎致電陸奧宗光，告知「目前歐洲各國試圖對日清兩國交戰進行干涉之傳言」，開始引起日本政府的警惕。11月7日，駐美公使栗野慎一郎致電陸奧宗光：「國務卿密告本使，駐清美公使來電稱，歐洲諸國愈益開始干涉。」翌日，又發一快函報告美國國務卿格萊星姆密告的詳細內容：「英、法、俄、德四國已聯合一致，決定干涉日清交涉事件。並且英國政府還催促該三國政府與之結盟。……此日（11月7日），法國大使至國務院謀求合眾國與之結盟。余問：『歐洲諸國雖聯合干涉日清事件，若日本不容納該聯合提議時，將如何處理？』彼答：『在此種場合只有訴諸武力。』」12日，駐英臨時代理公使內田康哉又電陸奧宗光：「眾議院議員巴特利特來訪本官曰：『列強尤其俄國之舉漸露危險之兆，日本艦隊並不完備，故不應使軍隊靠近北京；日本應迅速採取直接同清國媾和之策。』」[268] 日本駐外使節的這些情報，不能不引起日本政府的警惕。

何況日本國內的情況並不美妙。由於日本當局的窮兵黷武，日本經濟已經處於崩潰的邊緣。發動戰爭之前，日本大藏省計存現洋僅3,000萬日元。戰爭爆發後發行公債1.5億日元，而幾經動員實際認購不足8,000萬日元。[269] 可見其財力匱乏之一斑。隨著戰爭的擴大，日本的財政困難更為明顯。據楚恩遲報告，日本政府在11月、12月兩次共發行帶利息的特種鈔票400萬日元，並決定下兩個月人民必須向政府繳納大

---

[267]　《中日戰爭和三國干涉（1894～1895）》，第98頁。
[268]　《日本外交文書》，第27卷，第792、812、814、820號。
[269]　王芸生：《六十年來中國與日本》，第2卷，三聯書店1979年版，第268～269頁。

第五章　馬關議和前後的國際關係

約 3,000 萬日元的土地稅和第二次戰爭貸款。「雖然日本人裝著若無其事，但該國的戰爭形勢確乎日益嚴峻。所有情況都可以證明，今後幾個月內這種壓力將變得更加嚴重。問題不在於管理方面，而在於是否有可能滿足海外如此龐大的軍隊的鉅額開支。……關於如果中國不盡快地同意媾和條件，預計年底前日本就會陷於嚴重財政困難的說法，似乎不為過分。」在另一份資料中，他還向金伯利報告說：「日本看到在敵國廣大地區進行持久作戰的危險性和不利因素，意識到持久作戰將給它在資源供給上造成極大負擔，因此在獲得最近的勝利之後，聲稱自己完全有權宣布戰爭果實歸己所有。」[270] 此外，日本社會還存在其他不穩定因素。希特羅渥指出：「日本人由於霍亂和水災嚴重妨礙其在中國的軍事行動，正處在極端的窘困中，並且盼望著締結和約。」[271] 嗣後，怪不得連陸奧宗光也發出「內外形勢，早已不許繼續交戰」[272] 的哀嘆。

日本為掌握這次對中國實行最大限度的掠奪的機會，必須看準媾和的時機。陸奧宗光反覆地和伊藤博文商議中日媾和的原則。陸奧宗光提出：「在中國誠意求和之前，中國絕不洩漏要求的條件，將問題嚴格局限在中日兩國之間，使第三國在事前絕無插足的餘地。」伊藤博文對此表示同意這條原則，但又補充了一條：「今日中國向中國要求的條件，最好能在毫不顧慮其他國家的情況下提出。換句話說，中國應該取得對中國的全部戰果，如果事後其他強國有異議時，再經內閣會議採取適當的對策較為妥當。」[273] 這兩條成為日本政府指導議和過程的基本原則。

---

[270]　《中日戰爭和三國干涉（1894～1895）》，第 55、7、8 頁。
[271]　丁名楠等：《帝國主義侵華史》，第 1 卷，人民出版社 1987 年版，第 366 頁。
[272]　陸奧宗光：《蹇蹇錄》，第 137 頁。
[273]　陸奧宗光：《蹇蹇錄》，第 117 頁。

第三節　《馬關條約》與列強

　　根據以上原則，陸奧宗光著手將《媾和預定條約》加以實際化並進行修改。看來，他在進行此項工作時著重考慮了以下幾個問題：

　　關於第一條朝鮮獨立問題：當時日本有的輿論鼓吹兼併朝鮮，也有人建議要朝鮮割讓釜山一帶給日本。日本政府早就視朝鮮為囊中之物，必欲納入口中而甘心。其駐俄公使西德二郎曾多次電告陸奧宗光，對待朝鮮宜取慎重的態度。日本政府也很重視對付俄國的策略。10月16日，伊藤博文即致電陸奧宗光：「俄國堅信戰後日本將占領朝鮮的部分領土，因此懷有不滿。俄國正試圖接近英國，以共同反對日本在朝鮮的政治宣傳。最好的辦法是，對俄國發出正式宣告以消除誤解，使俄國站在我們一邊。」11月12日，西德二郎致電陸奧宗光提出警告：「俄國政府所懸念者，乃日本是否永久占領朝鮮。尤其武人階層，對此大為反對。果真如此，將會引起麻煩。」16日，又發一快函給陸奧宗光，報告俄國外交大臣吉爾斯「關於俄國利益亦有一二」之談話，並加以解釋說：「其所謂『一二』之說者，當然知其為解決朝鮮之事。此地自外交部開始，目前所憂慮之事，乃唯恐日本之於朝鮮，猶如英國對埃及所採取之手段，終於兼併之。於是物議紛紛，陸軍中有人提出與英國聯合，以保證朝鮮內政之整頓，並迫使日軍自朝鮮撤出；海軍中則有人提出盡快占領元山港。總之，勿使日本占領朝鮮，且不能堵塞俄國開闢將來東方利益之路一說，幾成為該國之公論。」鑒於俄國國內這種劍拔弩張的氣勢，西德二郎於12月1日向陸奧宗光鄭重建議：「即令我有使朝鮮歸我所屬之意，但切勿驟現其形跡，不能不考慮迴避俄國干涉之策略。」[274] 西德二郎的建議一針見血，不容陸奧宗光遷延不決，便在和伊藤博文商量後，於23

---

[274]　《日本外交文書》，第27卷，第799、821、826、827號。

第五章　馬關議和前後的國際關係

日發出了電訓給駐朝公使井上馨：

> 根據祕密聽到的最可靠消息，只要我們像一開始宣告那樣，不損害朝鮮的獨立，俄國政府的態度將會對日本有利。……俄國好像以疑慮的眼睛，一直注視著我們在朝鮮的所作所為。……為了使形勢轉變為對我們有利，我們在朝鮮的最基本的政策，是應該採取一種不使任何一個列強特別是俄國產生疑慮的做法。儘管我們已經充分意識到了這一點，但在這方面仍要多加小心。在此關鍵時刻，我們希望提請特別注意，近期贏得俄國之友善，對於締結和約將證明是極為有用的。[275]

這樣，陸奧宗光在修改《媾和預定條約》草稿時，便對第一條仍保持不動。

關於第三條賠償軍費及割占臺灣問題：要中國賠償多少軍費，日本政府內部迄無統一的意見。據陸奧宗光自述，起初有兩種意見：一是對外強硬派，主張賠償軍費至少為 3 億日元以上，約合白銀 3 億兩；一是駐英公使青木周藏，主張賠償軍費 1 億英鎊，約合 6 億兩。由於對賠款數目的意見一時未能取得一致，所以修改稿仍然暫時留空。

至於割占臺灣作為賠償軍費問題，日本政府透過駐外公使探悉，俄、英等國不會提出反對意見。12 月間，西德二郎向陸奧宗光報告說：「本使認為，俄國政府對臺灣之讓與必不持異議。」、「若俄國不加反對，恐英國亦必不強爭之。」西德二郎的分析是有道理的。美國國務卿格萊星姆即密告栗野慎一郎：「探知俄國與英國果然結盟失敗，而英國亦必不單獨斷然行動。」[276] 日本各界本來就堅持永占臺灣，國際形勢又對日本有利，所以第三條「將臺灣全島及……島之主權」字樣在修改稿中仍

---

[275]　《日本外交文書》，第 27 卷，第 491 號。
[276]　《日本外交文書》，第 27 卷，第 836、837、830 號。

第三節　《馬關條約》與列強

保持不動。其中的刪節號顯然是暗指澎湖列島，但一時尚摸不準法國的態度，也暫時留空。

關於第二、五、七、八條，是陸奧宗光考慮趨於成熟並變動較大的部分。其內容如下：

第二條　清國擔保永不干涉朝鮮國內政外交，並保證東亞將來和平，將下開劃界以內之盛京省半島北部地區之主權永遠割讓與日本國：自鴨綠江岸……起至西北方遼河口止。該割讓地沿岸任何一點起直徑……日裡以內諸島嶼及盛京省半島以東北緯……度自……度止之清國所屬島嶼皆包括在內。該割讓地內所有堡壘兵器工廠及官屬物件亦包括在內。俟本約批准交換之後，日、清兩國各選派官員二名，為公同劃定疆界委員，確定劃界。若遇本約所訂疆界於地形或治理所關有礙難不便等情，各該委員等當妥為參酌更定，各該委員當從速辦理界務，以期奉委之後，限……竣事。但遇各該委員等有所更定劃界，兩國政府未經批准以前，應據本約所定劃界為正。

第五條　日清兩國所有約章，因此次失和，自屬廢絕。清國約俟本約批准交換後速派全權大臣，與日本國所派全權大臣於……會同訂立通離行船章程及陸路通商貿易條約。其兩國新訂約章，應以清國與泰西各國現行條約為本。又本約批准交換日起，新訂約章未經實行以前，所有日本國政府官吏臣民及商工業船舶及陸路通商貿易，清國予以最惠國待遇。清國約為下列讓與各款，自本約批准交換之日起實行：

第一款　日本國臣民運進清國一切貨物，隨辦理運貨人或貨主之便，於進口之時或進口之後，按貨物原價輸納每百抽二抵代稅。所到地方，勿論政府官吏、公舉委員、私民公司，及有何項設立之名目，為何等利益，所有課徵抽稅鈔課雜派一切諸費，勿論其性質、名義如何，均當豁除。日本國臣民在清國所購之經工貨件及自生之物，一經宣告係為

第五章　馬關議和前後的國際關係

出口，以至由口岸運出之時，除勿庸輸納抵代稅外，亦照前開所有抽稅鈔課雜派一切諸費，均當廢除。又日本國船隻載清國內地所需清國經工貨件及自生之物，運返清國通商口岸，一經輸納口岸通商稅鈔，除勿庸輸納進出口稅外，亦照前所開所有抽稅鈔課雜派一切諸費，均當豁除。但逐時所訂洋藥進口章程，與此款所定毫不相涉。

第二款　日本國臣民在清國內地購買經工貨件及自生之物，或將進口商貨運往內地之時，欲暫行存棧，除勿庸輸納稅鈔派徵一切諸費外，得暫借棧房存貨，清國官員勿得從中干預。

第三款　日本國臣民在清國輸納稅鈔及規費，可用庫平銀核算外，亦得以日本國鑄銀圓照公定之價輸納。

第四款　日本國臣民得在清國任便從事各項正藝製造，又得將各項機器任便裝運進口，只交所訂進口稅。

第五款　清國約博採專門熟練者之說，務速疏濬吳淞河口沙灘，雖在落潮時亦須足……尺深，永勿任其阻塞。

第七條　清國為保證認真實行約內所訂條款，准日本國軍隊暫時占領下開各處……、……。日本國依本約所定賠償軍費交清情形漸次撤軍，每交清一次賠款撤出一城。但通商行船章程批准交換以前，日本國仍不撤回軍隊，所有暫行占守一切費用由清國支辦。

第八條　本約批准交換後，兩國應將是時所有俘虜盡數交還。清國約將由日本國所還俘虜並不加以虐待或處刑。又清國約將認為軍事間諜或被嫌逮繫之日本國臣民，即行釋放；並約此次交仗之間，所有關涉日本國軍隊之中國臣民概予寬大。[277]

---

[277]　伊藤博文：《機密日清戰爭》，見《中日戰爭》續編（七）。

第三節 《馬關條約》與列強

從以上四條看，修改稿與草稿相比，有著若干實質性的變動。其一，修改稿第二條內容大為充實並實際化，不僅指明要割占的中國東北領土的範圍，而且還實際規定劃定疆界的過程。其二，修改稿第五條除補充了「陸路通商貿易條約」的內容外，還新增了三項要求：一是規定日本臣民交納進口稅為「每百抽二」，其他一切諸費「均當豁除」；二是在中國暫行存棧「勿庸輸納稅鈔」；三是得以日本官鑄銀圓核算關稅。其三，修改稿第七條增添了由中國支付日軍占領費用的內容。其四，修改稿第八條增加中國釋放日本間諜的要求。

這份《媾和預定條約》修改稿約草成於12月間。因為修改稿中明確地提出要割取遼東半島，而陸奧宗光致函伊藤博文開始要求割占遼東半島是11月26日的事。[278] 這顯然仍是一份不成熟的文稿，其後又進行過多次修改。陸奧宗光自稱：「這個媾和條約因戰局的發展，內容輕重和寬嚴程度自然也隨著有所不同，因而後來對該案斟酌實際情況又屢有修改。」[279] 這是符合實際情況的。

三　日本內閣通過的《媾和預定條約》

繼《媾和預定條約》修改稿之後，到廣島大本營御前會議召開以前，日本對和約條款又作了兩次重大的調整和修改。

第一次，是在徵詢在京閣員意見期間。陸奧宗光說：「我從前草擬的媾和條約方案也深藏未露，在時機未成熟時絕不輕易示人。但是，當

---

[278]　春畝公紀念會編：《伊藤博文傳》下卷，第149～151頁。
[279]　陸奧宗光：《蹇蹇錄》，第117頁。

第五章　馬關議和前後的國際關係

中國媾和使節前來中國的日期已經迫近，並將攜帶該條約方案前往廣島時，特在內閣總理大臣官邸將該案請在京閣員審閱，並徵求其意見。由於閣員一致同意，我便於（西元 1895 年）1 月 11 日隨同伊藤總理由東京前赴廣島。」[280]。可見，這次修改的時間應在 1 月上旬。

經在京閣員審議後的修改稿，是在伊藤博文的主持下斟酌而寫定的。其新添的內容主要有四：

其一，割占中國領土的要求不是分列於第二條和第三條中，也不是或作為賠償軍費而提出的，而是都列為中國應割領土的第二條之內。

其二，第二條規定中國應永遠讓與的領土中，明確寫明包括：「澎湖群島，即東經 119°乃至 120°、北緯 23°乃至 24°之間的諸島嶼」。

其三，第三條對割占盛京省的地域範圍提出高、中、低三個可供選擇的方案：最高方案規定的分界線是，「從鴨綠江口起，溯該江流以抵湯子溝口，從此向迤北劃一直線，抵通化縣，從此向西劃一直線，以抵遼河。從該線與遼河交會之限起，順該河流而下，以抵北緯 41°之線。再從遼河上劃線起，順此緯度，以抵東經 122°之線。再從北緯 41°東經 122°西線交會之限，順此緯度，以至遼東灣北岸；在遼東灣東岸及黃海北岸屬盛京省諸島嶼」。折中方案規定的分界線是，「從鴨綠江口起，溯該江流以抵三叉子，從此向迤北劃一直線，抵榆樹底下，從此向正西劃一直線，以抵遼河。從該線與遼河交會之限起，順該河流而下，以抵北緯 41°之線。再從遼河上劃線起，順此緯度，以抵東經 122°之線。再從北緯 41°東經 122°兩線交會之限，順此經度，以至遼東灣北岸；在遼東灣東岸及黃海北岸屬盛京省諸島嶼」。最低方案規定的分界線是，「從鴨

---

[280]　陸奧宗光：《蹇蹇錄》，第 118 頁。

第三節 《馬關條約》與列強

綠江口起,溯該江流以抵安平河口,從該河口劃至鳳凰城、海城、營口而止,畫成折線以南地方」。[281]

其四,第四條明確提出中國賠償軍費 3 億兩,第一次交付 1 億兩。其後四年每年交付 5,000 萬兩,年息 5%。

第二次,是在廣島大本營就日清媾和問題舉行御前會議之前,約在 1 月的中下旬。這次修改,主要是吸收了小村壽太郎的建議,在第六條中增加新開北京、沙市、湘潭、重慶、梧州、蘇州、杭州七處通商口岸及宜昌至重慶、揚子江至湘潭、廣東至梧州、上海至蘇杭二州四條內河航線的內容。[282]

這次最新修改稿,顯然就是伊藤博文和陸奧宗光提交給廣島大本營御前會議的條約方案。

1 月 27 日,明治天皇在廣島大本營召集御前會議討論日清媾和問題。出席會議者為當時在廣島的閣員及大本營高層幕僚:總參謀長小松彰仁親王、內閣總理大臣伊藤博文、陸軍大臣山縣有朋大將、海軍大臣西鄉從道大將、海軍軍令部長樺山資紀中將、參謀本部次長川上操六中將及外務大臣陸奧宗光等。陸奧宗光首先奏明條約方案的要點說:

---

[281] 伊藤博文:《機密日清戰爭》,見《中日戰爭》續編(七)。
[282] 伊藤博文:《機密日清戰爭》,見《中日戰爭》續編(七)。

第五章　馬關議和前後的國際關係

日本大本營御前會議

　　本條約方案大體分為三段：第一段，規定使中國承認構成此次戰爭起因的朝鮮獨立；第二段，規定中國因戰勝的結果，應由中國割讓領土和賠款；第三段，為確定中國在中日兩國外交上的利益和特權，規定今後日本和中國的關係應與歐美各國和中國的關係均等，並進一步設置幾處新開港口以及擴大內河航行權，使日本永遠有在中國通商航行等權利。

　　當陸奧宗光說明條約的三大要點之後，伊藤博文奏稱：

　　與中國媾和使者之談判不論成功與否，若一旦明言媾和條件，即難保不招致第三國之容喙干涉，事實上恐亦難免。至其干涉之性質如何，程度如何，即如何賢明之政治家，恐亦不能預料，尤其想使其保證他國毫不加以干涉，更不可能。此種干涉既然遲早不可避免，自應體察時機，以外交手段盡力周旋，使其緩急得宜。但在此種情況之下，對於各強國所取之政略方針，往往不能以外交談判使之改變。因此，萬一發生此種干涉，應否斟酌該第三國之意見稍微變更我對中國之條件，或寧增

第三節　《馬關條約》與列強

強敵，始終堅持我方之既定方針，則均屬未來之問題，應根據當時情況再行審議。[283]

出席的文武重臣完全贊同伊藤博文的意見，決定以《媾和預定條約》的最新修改稿作為講和條約的基礎，並任命伊藤博文、陸奧宗光二人為議和全權大臣，得以根據形勢的發展而便宜行事。

四　「和約底稿」的形成

日本內閣通過的《媾和預定條約》最新修改稿，對外一直嚴格保密。當時，西方國家都在千方百計地探聽日本的媾和條件。英、俄等國駐日公使也紛紛到日本外務省詢問，而得到的答覆都是「無可奉告」。儘管如此，列強透過各種管道不難猜到日本媾和條件的大致內容，因此也在考慮採取適當的對策。

與此同時，伊藤博文和陸奧宗光正在密切觀察列強的動向和態度。最先引起日本政府注意的是2月7日英國《泰晤士報》刊登的一則〈巴黎通訊〉。該通訊稱：

列強在適當時候最終干涉，將完全不偏不倚，這是早先已確定的。列強要等到中國承認戰敗，並老老實實地進行議和談判之日，向中國要求開放港口。同時向日本指出，歐洲不許其吞併中國大陸的一寸領土，但不涉及軍艦、武器和其他戰利品，也不涉及戰爭賠款。歐洲不反對日保留一定的占領地作為賠款的扣保，但不允許對列強不利的通商條款。

---

[283]　陸奧宗光：《蹇蹇錄》，第118、120頁。

第五章　馬關議和前後的國際關係

　　陸奧宗光猜出這則通訊的撰稿人名叫布羅維茨（Henri Blowitz），是該報的著名記者。此人幾年前曾盜出俾斯麥之祕密文件並公開發表，引起轟動。陸奧宗光認為，如通訊係此人所撰，相信其言多少一定有根據。於是，便一面向駐歐各使節發電，令其「探詢實情」，一面向伊藤博文提出：「依據情況，中國亦需注意將來之政略。」[284]

　　看來，當時歐洲列強與日本的衝突主要表現在兩點上：一是日本的媾和條件是否包括割占中國的大陸領土，二是日本的媾和條件以至軍事行動是否會影響各國的利益。

　　歐洲大陸國家，尤其是俄國，是堅決反對日本割占中國大陸領土的。俄國《新時代》報於2月9日發表的一篇關於中日媾和問題的社論，其觀點就頗具代表性，社論寫道：

　　當此日本獲得戰勝結果之際，各國對所提條件之著重點，在於使日本保持從前之島國地位，絕不可使之憑依大陸。因此，歐洲各國將允許臺灣及其他島嶼合併於日本。認為將規定戰爭賠款金額一事委諸交戰雙方之直接談判，乃最適當之處理辦法；並且作為戰爭賠款之擔保，日本對旅順口和威海衛進行軍事占領，由清國財政狀況觀之，無論如何亦屬不可避免之事。若進而達到使中國開放各港口，以作為歐洲貿易市場，則俄、英、法之干涉亦可謂獲得令人滿意的良好結果了。

　　現在終使傲慢自大的中華帝國屈服，乃前所未有之進步。遠東形勢頓時一變，此實乃日本之莫大功績。因此，只要日本不同俄、英、法三國之利益發生衝突，其充分獲得戰勝之果實，亦屬最為正當之事。但日本政府切莫忘記：不可踰此界限。如對朝鮮之無限保護權或割占滿洲土地等，絕不允許。日本所得以要求者，只能限於中國所屬島嶼之割讓，

---

[284]　《日本外交文書》，第28卷，第551～552號。

第三節 《馬關條約》與列強

以及鉅額之戰爭賠款和旅順口、威海衛之軍事占領而已。即使日本繼續前進而攻陷北京,亦絕不允許超出上屬範圍。」[285]

該社論一面對日本軍事上的成功倍加讚揚,一面又反覆警告日本政府莫要染指中國大陸,顯然是反映了俄國人的正常觀點。對此,日本政府是完全了解的,不能不充分加以考慮。

根據當時對俄國的觀察,日本政府認為,也有兩點可資日本利用之處:其一,英國對俄國的牽制。「提出分割盛京省之要求時,雖俄國政府必然不滿,但英國政府之策略為防俄南侵,寧願日本擔當維護朝鮮之任。既然英國對瓜分盛京省不提出異議,僅俄國一國亦難對此力爭。」其二,俄國外交大臣吉爾斯剛剛病故,由副大臣基斯敬主持外交工作。在日本看來,此人乃「傾向日本之人」;新登基的沙皇尼古拉二世(Nicholas II)「與基斯敬相同,亦係傾向日本之人,對日清問題頗為注意。為日本計,大體較為適宜」[286]。基於這種分析,日本政府懷有僥倖的想法,認為堅持中國割讓盛京省部分領土可能不至於出大的問題。

英國政府的態度又是如何呢?2月8日,日本駐英公使加藤高明拜訪了金伯利,名為通報情況,實則探聽動靜。金伯利對加藤高明流露出英國政府對時局的憂慮,他說:「我擔心若戰爭繼續下去,日本人就會像普遍預料的那樣,向前推進,占領北京,從而可能導致清朝覆滅。隨之出現的嚴重後果,幾乎無須說明就十分清楚:整個中華帝國將陷於一片混亂狀態。到那時,日本很可能找不到可以談判的政府,使自己處於十分尷尬的境地。」[287]13日,加藤高明致電陸奧宗光說:「英國擔心的是

---

[285] 《日本外交文書》,第28卷,第556號。
[286] 《日本外交文書》,第28卷,第555號。
[287] 《中日戰爭和三國干涉(1894～1895)》,第57頁。

第五章　馬關議和前後的國際關係

目前清朝的垮臺,害怕繼之而來的無秩序和混亂狀態。從各種跡象看,幾乎可以肯定,英國還在舉棋不定。我相信,除非英國在通商貿易方面和在華歐洲僑民受到危害時,否則是不可能進行干預的。」[288] 於是,日本政府一面向英國公使重申:「日本既不想瓜分中國,也不想推翻目前的王朝,但它必須索取勝利者的果實。」一面趕快散布在媾和條約中將列入貿易便利特許權條款的消息,以拉攏並穩住英國。14日,楚恩遲便興高采烈地向金伯利報告:「我透過可靠人士查明,日本打算在議和條件中加入貿易便利特權的要求。日本並非只想為自己爭得這一特權。看來,該條款最重要的一點是中國取消禮金和關稅,日本政府視之為發展貿易的最大障礙。」[289] 日本的這兩手,使英國政府感到滿足。

為了明確摸清俄國政府的態度,陸奧宗光於2月14日親自會見俄國公使希特羅渥。其談話內容如下:

希特羅渥:「關於戰爭問題,希望俄日兩國之間能夠交換意見,現在閣下能否談些什麼?」

陸奧宗光:「此事純屬機密,即日本不能不以割讓土地作為講和條件之一。」

希特羅渥:「時至今日,對於領土割讓問題,早已勿庸爭論。然須視要求割讓土地之不同情況,可能會招致多少外國干涉。雖然就俄國而言,對合併臺灣並不表示異議。」

陸奧宗光:「日清戰爭乃日清兩國間之事,不容第三者置喙。然而某一國家以有關歐洲之利益為由,竟有動輒試圖干涉之傾向。日本絕非欲侵犯他國之利益。而所謂歐洲利益,諒必不外乎通商貿易之利益;果

---

[288]　《日本外交文書》,第28卷,第560號。
[289]　《中日戰爭和三國干涉(1894～1895)》,第141～142頁。

第三節 《馬關條約》與列強

係如此,則本大臣相信,迄今為止,尚毫無侵犯之事實。當然,他國之干涉亦無發生之理由。如果俄國果有上述以外之其他利益,不妨告知。由於日本不希望侵犯俄國之利益,因此認為有必要事先了解其利益之所在。」

希特羅渥:「俄國欲在太平洋上開闢交通,然而作為實際問題,只要日本不侵犯朝鮮之獨立,俄國亦不會格外提出異議。然為日本之最大利益計,接受清國大陸領土之割讓實非上策。」

陸奧宗光:「本大臣之主張,在於竭力不與俄國之利益相牴觸。但有關日本自身之利益,日本必須自己保護之。」

透過這次談話,陸奧宗光覺得希特羅渥「表現出喜悅之色」,更加斷定先前對俄國的分析是不錯的。於是,他於2月17日電告西德二郎稱:「在現今形勢之下,日本不能從要求割讓金州半島及臺灣後退一步。」[290]

事實上,日本政府之所以對俄國作出了判斷上的失誤,其主要原因還在於當時俄國對日本企圖吞併中國東北領土的野心缺乏足夠的認知。2月1日,俄國政府舉行了一次特別會議,所討論的主題只是朝鮮問題。到會的所有軍政首領竟無一人提及日本可能會要求割讓中國大陸領土的問題。種種情況表明,在俄國當局看來,只要日本明確保證朝鮮的獨立,它通常不會越過朝鮮半島而割占大陸領土的。正由於此,俄國政府才感到不必顧慮日本染指大陸。

剛好是在這種情況下,俄國才與日本在朝鮮問題上著手進行一場交易。2月22日,俄國外交部亞洲司長克卜尼斯特密告西德二郎說:「如果日本以朝鮮獨立作為講和條件之一,則俄國將勸告中國迅速派遣

---

[290] 《日本外交文書》,第28卷,第561號。

第五章　馬關議和前後的國際關係

和談使節。」24 日，俄國外交臨時代理大臣基斯敬向西德二郎提出：「如果日本政府宣告名實相副地承認朝鮮獨立，中國政府將勸告中國政府授賠款、割地等全權予其使節。並勸說其他強國採取與俄國政府相同之方針。我相信，獲得勝利之後繼續無限期地進行戰爭，實非日本之福。」[291] 同一天，俄國公使希特羅渥正式將此事通知了日本政府。

陸奧宗光得知俄國政府的提議後，急召端迪臣等人商議，再三討論，並揣度俄國提議中「名實相副」一詞的分量。他們一致認為：「如果現在就將俄國公使所明確提出的『名實相副』等詞故意抹掉的痕跡顯露出來，很可能招致彼之驚疑，而進一步提出更為明確之要求，正如西元 1843 年英法兩國締結《夏威夷條約》之情形。果真如此，則帝國將來對朝鮮之政治策略則不得不受其束縛。因此，莫如原封不動地襲用彼所謂朝鮮獨立須『名實相副』之提法，使其不產生疑慮之念方為上策。」陸奧宗光決定在答覆俄國提議的備忘錄中迴避「請求勸說」中國和其他強國之類的字樣。這樣做的理由，陸奧宗光在致伊藤博文的函件中作了詳細的說明：

備忘錄絲毫未露出有請求勸告之意，其原因有三：第一，現在非常清楚，只要不損害朝鮮獨立，俄國政府對帝國政府此次將向清國提出之要求，大體上無有異議。第二，無庸置疑，此次李鴻章將作為議和大臣來日已是既成事實。因此，不僅無特意請求俄國政府協助之必要，而且假如此事尚須請人協助，則其對我不利之處，恰如收下不值錢之物品尚須永遠感恩一樣。第三，如果現在請求俄國政府勸告其他強國，在某種情況下會給予人口實，宣稱雖甲國接受勸告而乙國則不肯接受勸告。如此等等，豈不為已無異議的我方要求之條件留下他人置喙之餘地？基於

---

[291]　《日本外交文書》，第 28 卷，第 565～566 號。

第三節 《馬關條約》與列強

上述理由,我斷然不吐露類似請求之口吻。照此種做法,彼是否主動對其他國家進行勸告,可聽其自便;對於我方來說,則可直接抓住其不對我媾和條件表示異議之諾言,作為日後之憑證,以無礙於我方將獲得最為熱切希望之結果。[292]

真可謂機關算盡!陸奧宗光等人的確設想得天衣無縫,無奈未能識透俄國要求保證朝鮮獨立的實在含意,而造成了一場非常大的歷史誤會。

2月27日,日本政府將準備好的備忘錄送交俄國駐日公使館。該備忘錄稱:「因得俄國公使閣下之通知,帝國政府特毫不躊躇地宣告:『日本對朝鮮之政略方針不再改變,帝國政府將名實相副地承認朝鮮國之獨立。』」[293]

此後,日本政府陸續得到一些不利於日本割占中國大陸領土的消息:

3月8日,德國駐日公使哥特斯米德(Gutschmid)來外務省口頭通報:「據德國政府所獲報告,日本要求中國割讓大陸領土必將引起列強干涉。」

3月18日,駐英公使加藤高明來電:據路透社消息,中國政府已指示其駐英、法和德、俄公使,請四強在日本堅持割取中國大陸事件中予以干涉,以衛護中國大陸領土之完整。《泰晤士報》俄國通訊員報導,俄國艦隊(中隊)已決定派往太平洋駐泊。

3月20日,駐美公使栗野慎一郎來電:美國國務卿格萊星姆面告,

---

[292] 《日本外交文書》,第28卷,第569號。
[293] 《日本外交文書》,第28卷,第568號。

第五章　馬關議和前後的國際關係

俄國並非懷有好意,而是急切地想抓住一切可利用之機,以期達到自己的目的。國務卿之談話,給予人似乎不甚贊成日本永久占有大陸領土之感。[294]

陸奧宗光認為,儘管對俄國有種種傳聞和猜測,俄國政府不會輕易地改變 2 月 24 日提議的主旨。正巧 3 月 21 日接到了西德二郎關於會見俄國新任外交大臣羅拔諾夫與亞洲司長克卜尼斯特談話後所得印象的電報:「據對該大臣所談及亞洲司長之談話進行全面觀察,俄國政府之意向近來似無改變。如中國之領土要求僅限於臺灣及金州半島,確信俄國政府將不提出任何異議。該政府之唯一熱望,在於此次談判即締結和約結束戰爭。」[295] 這樣,陸奧宗光更加堅信俄國不會干涉日本割占金州半島了。

日本所說的金州半島,或稱旅順半島,即通稱的遼東半島。割占金州半島,應該是等於閣議《媾和預定條約》關於割占盛京省的最低方案。這不難理解,因為日本政府也的確想避免刺激俄國政府。為了多得一點是一點,伊藤博文和陸奧宗光決定端出折中的方案。出於同樣的原因:這時,日軍已經攻占威海衛,並全殲了北洋艦隊。日本暫時占領威海衛作為戰爭賠款的擔保,本不會引起什麼異議。伊藤博文、陸奧宗光決定也要暫時占領奉天府,以作為戰爭賠款的擔保。這樣,日方於 4 月 1 日提交給李鴻章的《和約底稿》便屢經修改而終於形成了。其全文如下:

大日本帝國皇帝陛下及大清帝國皇帝陛下,為訂定和約,俾兩國及

---

[294]　《日本外交文書》,第 28 卷,第 571、578、584 號。
[295]　《日本外交文書》,第 28 卷,第 585 號。

第三節 《馬關條約》與列強

其臣民重修平和,共享幸福,且杜絕將來紛爭之端,大日本帝國皇帝陛下任命……大清國皇帝陛下任命……為全權大臣。彼此校閱所奉諭旨,認明均屬妥善無闕,會同議定各條款,開列於下:

第一款 中國認明朝鮮國確為完全無缺之獨立自主,故凡有虧損獨立自主體制,即如該國向對中國所修貢獻典禮等,嗣後全行廢絕。

第二款 中國將下開地方之權,並將該地方所有堡壘軍器工廠及一切屬公物件,永遠讓與日本國:

第一,下開劃界以內盛京省南部地方,從鴨綠江口起,溯該江流以抵三叉子,從此向迆北劃一直線,抵榆樹底下,從此向正西劃一直線,以抵遼河,從該線與遼河交會之限起,順該河流而下,以抵北緯41°之線,再從遼河上劃線起,順此緯度,以抵東經122°之線,再從北緯41°東經122°兩線交會之限,順此經度,以至遼東灣北岸;在遼東灣東岸及黃海北岸屬盛京省諸島嶼;

第二,臺灣全島及所屬諸島嶼;

第三,澎湖列島,即散在於東經119°起至120°,北緯23°起至24°之間諸島嶼。

第三款 前款所載及黏附本約之地圖所劃疆界,俟本約批准交換之後,兩國應各選派官員二名以上,為公同劃定疆界委員,就地踏勘,確定劃界。若遇本約所訂疆界於地形或治理所關有礙難不便等情,各該委員等當妥為參酌更定。

各該委員等當從速辦理界務,以期奉委之後,限一年竣事;但遇各該委員等有所更訂劃界,兩國政府未經認准以前,應據本約所定劃界為正。

第四款 中國約將庫平銀三萬萬兩交日本國,作為賠償軍費,該賠款分為五次交完,第一次交一萬萬兩,嗣後每次交五千萬兩,第一次應

第五章　馬關議和前後的國際關係

在本約批准交換後六個月之內交清。所餘四次，應與前次交付之期相同，或於期前交付，又第一次賠款交清後，未經交完之款，應按年加每百抽五之息。

第五款　本約批准交換之後，限二年之內，日本國准中國讓與地方人民願遷居讓與地方之外者，任便變賣所有田地，退去界外；但限滿之後尚未遷徙者，酌宜視為日本國臣民。

第六款　日中兩國所有約章，因此次失和，自屬廢絕，中國約俟本約批准交換之後，速派全權大臣，與日本國所派全權大臣，會同訂立通商行船章程及陸路通商章程，其兩國新訂約章，應以中國與泰西各國現行約章為本。又本約批准交換之日起，新訂約章未經實行之前，所有日本國政府官吏臣民及商業工藝、行船船隻、陸路通商等，與中國最為優待之國禮遇護視，一律無異。中國約為下開讓與各款，從兩國全權大臣畫押蓋印日起，六個月後方可照辦：

第一，現今中國已開通商口岸之外，應准添設下開各處，立為通商口岸，以便日本國臣民往來僑寓，從事商業工藝製作等，所有添設口岸，均照向開通商海口或向開內地鎮市章程一體辦理，應得優例及利益等亦當一律享受：一、直隸省順天府；二、湖北省荊州府沙市；三、湖南省長沙府湘潭縣；四、四川省重慶府；五、廣西省梧州府；六、江蘇省蘇州府；七、浙江省杭州府，日本國政府得派遣領事官於前開各口駐紮。

第二，日本國輪船得駛入下開各口，附搭行客，裝運貨物：一、從湖北省宜昌溯長江以至四川省重慶府；二、從長江駛進洞庭湖溯入湘江以至湘潭縣；三、從廣東省溯西江以至梧州府；四、從上海駛進吳淞江及運河以至蘇州府杭州府。日中兩國未經商定行船章程以前，上開各口行船，務依外國船隻駛入中國內地水路現章程照行。

第三節　《馬關條約》與列強

　　第三，日本國臣民運進中國各口一切貨物，隨辦理運貨之人若貨主之便，於進口之時，若運進之後，按照貨物原價輸納每百抽二抵代稅，所到地方，勿論政府官員、公舉委員、私民公司，及有何項設立之名目，為何項利益，所有課徵抽稅鈔課雜派一切諸費，勿論其根由名目若何，均當豁除。

　　日本國臣民在中國所購之經工貨件若自生之物，一經宣告係為出口。以至由口岸運出之時，除勿庸輸納抵代稅外，亦照前開所有抽稅鈔課雜派一切諸費，均當豁除。又日本國船隻裝載中國內地所需中國經工貨件，若自生之物，運販中國通商口岸，一經輸納口岸通商稅鈔，除勿庸輸納進出口稅外，亦照前開所有抽稅鈔課雜派一切諸費，均當豁除，但逐時所訂洋藥進口章程，與此款所定毫不相涉。

　　第四，日本國臣民在中國內地購買經工貨件，若自生之物，或將進口商貨運往內地之時，欲暫行存棧，除勿庸輸納稅鈔派徵一切諸費外，得暫借棧房存貨，中國官員勿得從中干預。

　　第五，日本國臣民在中國輸納稅鈔及規費，可用庫平銀核算外，亦得以日本國官鑄銀圓照公定之價輸納。

　　第六，日本國臣民得在中國任便從事各項工藝製造，又得將各項機器任便裝運進口，止交所訂進口稅。

　　日本國臣民在中國製造一切貨物，其於內地運送稅內地稅鈔課雜派，以及在清國內地沾及寄存棧房之益，即照日本國臣民運入清國之貨物一體辦理，至應享優例豁除亦莫不相同。

　　第七，中國約博採專門熟練者之說，務速浚黃浦江口吳淞沙灘，雖在落潮時亦須足二十幅深，永勿任其阻塞。

　　若遇上開讓與各節內有更須訂定章程者，應於本款所定通商行船約章內，備細載明。

第五章　馬關議和前後的國際關係

第七款　日本國軍隊現駐中國境內者，應於本約批准交換之後三個月內撤回；但須照次款所定辦理。

第八款　中國為保明認真實行約內所訂條款，聽允日本國軍隊暫行占守下開各處：盛京省奉天府，山東省威海衛。日本國查收本約所定應賠軍費第一第二兩次之後，撤回占守奉天軍隊；末次賠款交完之後，撤回占守威海衛軍隊。但通商行船約章未經批准交換以前，日本國仍不撤回軍隊。所有日本國軍隊暫行占守一切需費，應由中國支辦。

第九款　本約批准交換之後，兩國應將是時所有俘虜盡數交還，中國約將由日本國所還俘虜並不加以虐待，或置於罪戾。中國約將認為軍事間諜或被嫌逮繫之日本國臣民，即行釋放；並約此次交仗之間，所有關涉日本國軍隊之中國臣民概予寬貸，並飭有司不得擅為逮繫。

第十款　本約批准交換日起，應按兵息戰。

第十一款　本約奉大日本帝國大皇帝陛下及大清帝國大皇帝陛下御筆批准後，於明治某年某月某日，即光緒某年某月某日在某處交換。為此兩國全權大臣畫押蓋印，以昭信守。[296]

---

[296]　《日本外交文書》，第28卷，第1078號，附件。

第三節　《馬關條約》與列強

五　《馬關條約》條款的最後修改

李鴻章一行於3月14日清晨由天津乘輪東行，開始了赴日和談的艱難歷程。航行5晝夜，於19日清晨抵達日本馬關。

從3月20日到24日，中日雙方全權大臣在春帆樓共進行了三次會談。李鴻章先提出停戰問題，而日方則以苛刻的條件使中方不得不撤回停戰的提議。在24日的第三次會談中，伊藤博文露出要占領臺灣之意。李鴻章則希望日方出示和款。伊藤博文表示可從25日起轉入講和談判。

第三次會談結束後，李鴻章在返回寓所的途中被暴徒刺傷，引起舉世震驚。日本當局也為之焦慮不已，一則怕李鴻章以負傷為藉口，中斷談判回國，一則怕列強乘機插手干涉，將對日本大為不利。在這種情況下，日方才決定允諾停戰；以作為雙方繼續進行和談的牽引。3月30日，雙方簽訂了《中日停戰協定》6款，規定除臺灣外暫行停戰，限期21天。

4月1日，雙方進行第四次會談。因李鴻章槍傷未癒，由李經方出席。會間主要討論日方如何出示和款的問題。日方要求對方接到和約條款後，須在三四日內答覆，或將約內各款全行應允，或將某款更行商酌。中方只能同意。這樣，日方才終於出示了其費近半年之功而炮製出來的《和約底稿》。

當天傍晚，李鴻章分兩次將日本提出的《和約底稿》內容電告總理衙門。4月3日，兩電到京，軍機大臣當即將約稿梗概上奏光緒帝。3日下午，慶親王奕劻、孫毓汶、徐用儀三人先後拜訪英、俄、法、德四國公使，根據李鴻章電報的意見，向他們通報了日方提出的媾和條件中的第一、二、四、八各款。隨後又向他們宣讀李鴻章電報的如下內容：「查

第五章　馬關議和前後的國際關係

日本所索兵費過奢，無論中國萬不能從，縱使一時勉行應允，必至公私交困，所有擬辦善後事宜勢必無力籌辦。且奉天為滿洲腹地，中國亦萬不能讓。日本如不將擬索兵費大加刪減，並將擬索奉天南邊各地一律刪去，和局必不能成，兩國唯有苦戰到底。」[297]

由於日本早已破譯中國的電報密碼，而李鴻章這次赴日和談又沒有改換新的密碼，因此電報還沒發出之前日本就知道內容了。陸奧宗光認為，「唯有苦戰到底」的話是為了「博得各國之同情，以借各國之力迫使日本減少其要求」。4月3日，陸奧宗光便向駐俄公使西德二郎、駐美公使栗野慎一郎、駐英公使加藤高明、駐法公使曾彌荒助發出將媾和條件祕密提示給各駐在國政府的訓令：

現已查明，清國將我之講和條件洩漏給英、法、俄三國。謂日本如不取消割讓金州半島之要求和減少賠款金額，除繼續戰爭之外，別無他法。企圖以此虛假之藉口，請求各國進行干涉。這不過是希圖獲得外國援助之狡猾手段而已。作為獲得巨大勝利之結果，我方要求之條件絕非過高。而提出較此更少之要求，日本國民終究不能滿意。同時，為日清兩國利益計，仍以現在即行講和為上策。如兩國不受他國干涉，極有希望迅速恢復和平，因清國已無繼續作戰的能力。李鴻章似避免將中國政府為各國利益而要求之通商方面的特權通知各國。蓋各國前此屢屢提出類似要求，皆為清國所拒絕之故。本大臣已將上述情形祕密通知駐日之英、俄、法、美等國公使，亦希望講和條件及上述事實通知各駐在國政府。但在會見時，須裝出中國只信任該國政府的樣子，作為機密通知之。並相機為我方之要求條件進行辯護。[298]

---

[297]　《中日戰爭》續編（五），第642頁；《李文忠公全集》電稿，第20卷，第29～30頁。
[298]　《日本外交文書》，第28卷，第596、598號。

第三節 《馬關條約》與列強

在陸奧宗光發出訓令的同時，日本外務次官林董於3日分別約見英使楚恩遲、俄使希特羅渥、法使哈爾曼、美使譚恩，向他們通報日本的媾和條件。4日，又怕他日此事洩漏會引起德國不滿，又祕密地通知德使哥特斯米德。為了抵制中國爭取列強的支持，日本展開一場廣泛的反爭取外交活動。

此時，李鴻章正在馬關等待朝廷的覆電。殊不知朝廷重臣都束手無策。4月4日，光緒帝召見樞臣議商，或言臺灣絕不可棄，或謂「戰」字不能再提，或主交付廷議，議無所決。李鴻章幾天沒有等到覆電，而4月5日的限期已到，乃針對日方和約底稿擬一說帖，除承認朝鮮自主外，對讓地、賠款、通商權利各項有所駁論。6日，日方致李鴻章照會，要求「明確答覆全部或每條允諾與否」[299]。當天，李鴻章致電總理衙門稱：「若欲和議速成，賠費恐須過一萬萬，讓地恐不止臺、澎。」8月，覆電指示：「先將讓地以一處為斷，賠費應以萬萬為斷。」[300] 當日下午，伊藤博文邀李經方至其行館，大肆威脅，甚謂：「談判一旦破裂，中國全權大臣離開此地，能否再安然出入北京城門，恐亦不能保證。」[301]

李鴻章聽到李經方之回報，見事機緊急，不敢怠慢，草擬了一份對和約的全盤修正案。其要者為以下四款：

第二款　中國允將管理下開地方之權，並將該地方上所有城池公廨倉廠營房及一切屬公物件，讓與日本：

第一，奉天省南邊四廳州縣地方：一安東縣，二寬甸縣，三鳳凰廳，四岫巖州。以上四廳州縣所有四至，均照原有界址為據。

---

[299]　陸奧宗光：《蹇蹇錄》，第146頁。
[300]　《李文忠公全集》電稿，第20卷，第32～33頁。
[301]　陸奧宗光：《蹇蹇錄》，第147頁。

第五章　馬關議和前後的國際關係

　　第二，澎湖列島，北至北緯24°止，南至北緯23°止，東至英天文臺東經120°止，西至英天文臺東經119°止，應照英國海圖，該經緯四線相交所成小方形之內，茲特宣告，以免相混。

　　第四款　中國允將庫平銀一萬萬兩交與日本，作為償給用兵之費。該款分為五次交完，第一次交二千八百萬兩，嗣後每次交一千八百萬兩，第一次約在本約批准交換後起，計六個月內交清，其餘四次，每次交款之期，均與前次相隔一年，共計本約批准後四年半內一律交清，或於期前交付，均聽其便。

　　第六款　兩國前此所有約章，均以戰停廢。今中國日本約明，自此約批准互換之後，各派全權大臣，會商訂立水陸通商章程，其新訂約章，即以中國與泰西各國現行約章為本，所有口岸行船稅鈔薑貨輸稅等項，悉照中國所待泰西最優之國無異。又本約批准交換日起，新訂水陸通商約章未經批准之前，所有日本政府官吏商務行船邊界通商工作船隻臣民等，與中國最為優待之國禮遇護視，一律無異；其中國政府官吏商務行船邊界通商工作船隻臣民等，與日本最為優待之國禮遇護視，亦當一律無異。

　　第八款　中國為保明認真實行約內所訂條款，聽允日本軍隊暫行占守山東省威海衛，俟本約所訂應貼軍費第一第二兩次交到，日本立將軍隊一半撤回，末次軍費交清，立即全撤。[302]

　　李鴻章於4月8日傍晚致電總理衙門，謂：「讓北地以海城為止，賠費以一萬萬外為止。倘彼猶不足意，始終堅持，屆時能否允添，乞預密示。否則，只有罷議而歸。」[303] 9日，將和約修正案致送日方。

　　自從4月3日中日兩國向西方幾個主要國家透露日本《和約底稿》的

---

[302]　《日本外交文書》，第28卷，第1083號，附件。
[303]　《李文忠公全集》電稿，第20卷，第34頁。

第三節　《馬關條約》與列強

要點以後,引起了不同的反響。日本政府一面密切注視著列強的動向,一面施展折衝樽俎的方式,以期將不利因素消除到最低限度,從而全部實現《和約底稿》所提出媾和條件。

英國是日本尋求支持的主要對象,但日本一時尚摸不清英國政府的態度。4月4日,加藤高明奉命拜訪金伯利,以通報日本的媾和條件。金伯利聽後,先對加藤高明的通報表示感謝,繼則沉默不語。加藤高明想方設法請其對媾和條件發表意見,金伯利避開實質問題說:「此事須同其他方面商量,尚非發表個人意見之時。」又見加藤高明不肯告辭,因取來地圖,問:「貴國要求滿洲之南部,是否包括奉天府及牛莊?」加藤高明答:「因尚未接到詳細訓令,礙難明確答覆。」金伯利斷謂:「臺灣以土地與貴國島嶼相接,暫且不論,而滿洲則與貴國相隔甚遠,一旦遭受海軍強國之攻擊,豈非反成為貴國之弱點?」[304] 顯然,對於日本割占遼東半島是否包括奉天府和與英國商業關係密切的牛莊二處,金伯利甚為重視,故流露出一種關切之情。

金伯利的曖昧態度,使加藤高明感到棘手。為了獲得英國的支持,加藤高明於4月6日向英國外交部致送一份和約中相關貿易條款要點的通報,共為5項:

一、中國立即拆除吳淞河關卡,淺水航道應至少維持20尺深。

二、下列河流應允許通航:上海入吳淞江及運河以至蘇州、杭州;廣東經西江至梧州;由長江入洞庭湖,溯湘江至湘潭;由湖北宜昌經長江至重慶。

---

[304]　《日本外交文書》,第28卷,第608號。

第五章　馬關議和前後的國際關係

三、除已開通商口岸外，中國還應開放重慶、湘潭、梧州、北京、沙市、蘇州、杭州等地。

四、除2%的成本補償稅外，中國各地進口的日貨一律免稅。由日本貨船運送的中國國內消費品，除交納一定沿海貿易稅外，也一律免稅。

五、日本人可自由開設任何製造業，自由進口各種機械，只需付規定內的進口稅。日本人在中國生產的一切產品及配套設施，一律按進口商品處理。[305]

不料這一手果然產生奇效。8日，英國內閣討論日本的媾和條件時，便作出了英國沒有理由進行介入的決定。[306] 當天，《泰晤士報》跟著內閣決定的調門評論說：「日本在這方面及其他方面的要求並非過分。情況既然如此，對英國來說，則看不出有任何理由去干涉談判。英國的利益並沒有由於遼東半島的割讓而受到損害，而和約的通商部分卻使它有所受益。」這篇評論對英國輿論發揮導向的作用，其他報紙也紛紛鸚鵡學舌，齊說日本所提條件「絕非過當」。倫敦股票市場立時受到影響，當日股票為之升值。加藤高明大感出乎意料，興高采烈地說：「此事恰合其時，真乃外交上之成功！」[307]

這時，中國還矇在鼓裡，對英國抱有很大的幻想。4月10日，龔照瑗奉命向金伯利通報總理衙門的來電，意謂：「日本要求割地太廣，賠費過多，中國難以接受。」並請求英國「實心幫助中國，進行幹旋」。金伯利回答說：「日本的條件雖然是個沉重的負擔，但鑒於中國的戰敗及

---

[305]　《中日戰爭和三國干涉（1894～1895）》，第177頁。
[306]　《中日戰爭和三國干涉（1894～1895）》，第180頁。
[307]　《日本外交文書》，第28卷，第618、623號。

第三節 《馬關條約》與列強

其現狀,英國沒有理由勸告中國拒絕。」龔照瑗又問:「英國是否願意敦勸日本讓步?」金伯利的回答更乾脆:「英國不會向日本提出他們可能會拒絕的建議,況且這種建議必將鼓勵中國拒絕日本的媾和條件,因此我不能給予任何保證。」[308] 龔照瑗費盡口舌,還是落得個碰壁而歸。

與英國支持日本的態度截然相反,俄國對日本的《和約底稿》的某些條款大為不滿。當 4 月 3 日林董向俄國公使通報日本媾和條件時,希特羅渥聽到割讓盛京省南部頓現不快之色。林董暗釦其意,彼答曰:「依一己之見,此條款有傷歐洲各國之感情,予人以干涉之口實。為日本之本身利益計,此亦非明智之舉。」陸奧宗光得悉後,殊感意外,因與「曩者該公使公開宣告『只要朝鮮獨立不受損害,俄國對日本其他要求不表示反對』等語矛盾」。4 日,《橫濱新聞》又轉載了俄報的一則消息:「若日本占有大陸土地,必須以俄國為敵,進行戰爭準備。」[309] 陸奧宗光深感事態嚴重,命西德二郎探明真相。

西德二郎於當天急訪俄國外交大臣羅拔諾夫,詢問何以希特羅渥前後所談不符。羅拔諾夫問:「所謂盛京南部係指何處?」西德二郎答:「依本公使之見,係指金州半島而言。」羅拔諾夫稱:「割讓大陸領土,中國必定感到痛苦。」西德二郎辯解道:「此要求正當合理,且已加節制。而且,此要求為中國政府之最後決議,不能同意再行減少。如清國依賴他國之幫助,拒絕此要求,則戰爭恐難迅速結束。」羅拔諾夫聽了,冷冷地說:「俄國則別無他意,因與日中兩國皆保持友好關係,只望早日結束戰爭。將把貴國之條件呈交皇帝御覽。」羅拔諾夫在會見中不動聲色,

---

[308] 《中日戰爭和三國干涉(1894〜1895)》,第 183 頁。
[309] 《日本外交文書》,第 28 卷,第 603、604 號。

第五章　馬關議和前後的國際關係

使西德二郎產生了錯覺，向陸奧宗光報告說：「今日俄國外交大臣之意向一般尚屬良好。」[310]

實際上，在彬彬有禮的普通外交活動背後，俄英兩國卻在進行一場緊張的祕密會談。4月4日，英國駐俄大使拉塞爾斯拜訪俄國外交部時，羅拔諾夫即指出：「日本得到旅順港所在的半島是一個嚴重問題。」5日，拉塞爾斯再次拜訪，羅拔諾夫明確表示：「日本獲得該半島，對北京構成持久的威脅，且會危及朝鮮的獨立。」並希望各大國就採取什麼行動問題達成某種諒解，因為「它們都會願意日本要適可而止」。他又尋思了一下說：「如果日本不聽勸告──這不是不可能的，那將會出現什麼情景呢？目下俄國在中國的海軍力量跟日本不相上下，那麼英國呢？」拉塞爾斯聽出俄國有干涉的意圖，連忙說：「我想英國在中國的海軍力量大概和俄國相當。但儘管尚未接到關於此事的指示，確信女王政府絕不會對日本宣戰。」羅拔諾夫打斷他說：「我清楚英國輿論起勁地支持日本，也明白搶走日本人到口的果實是不公平的。」拉塞爾斯繼續說：「英國人可能覺得，同一個正在遠東崛起的大國為敵，是不夠明智的。」會見結束時，羅拔諾夫以強調的語氣說：「俄國只有一個希望，就是應當結束這場戰爭。我們不希望同日本作戰，但不能忽視俄國的利益，正是這些利益迫使俄國與中國為友。」[311]

4月8日，羅拔諾夫又會見了拉塞爾斯，比先前更為直率地聲稱：「俄國反對日本擬議中的領土獲得，當然會盡力加以阻止。否則，朝鮮獨立就成為一句空話。並且可以預見，一旦日本在大陸得到一塊立足地，

---

[310]　《日本外交文書》，第28卷，第606號。
[311]　《中日戰爭和三國干涉（1894～1895）》，第209頁。

第三節　《馬關條約》與列強

它便會得寸進尺，直至形成與俄國接壤之勢。這自然是俄國所不願看到的。」他還告知後者，已經電示駐英大使斯臺爾，建議：「英國友好地知照日本，向其表達這樣的意思：割取旅順港會妨礙中國同日本的友好關係，並威脅東方的和平。」[312] 並表示正等待英國的明確答覆。

俄國的建議當然不會被英國內閣所接受。4月10日為星期一，是慣例的俄國外交部接待外國使節的日子。羅拔諾夫向拉塞爾斯表示，對英國內閣的決定「表示遺憾」，並認為「這會使局勢進一步複雜化」。亞洲司長克卜尼斯特掩飾不住對英國決定的失望，甚至惱怒，對拉塞爾斯說：「這樣草率地決定拒絕俄國的提議，怕不會促成談判的進展。」[313] 俄英這次祕密會談就這樣不歡而散了。

英國不但全面支持日本的要求，而且還不時地向日本暗通消息。4月9日，拉塞爾斯便密訪西德二郎，詢問有關和談進展的最新消息。西德二郎說：「情況的進展，在相當程度上取決於英國在此事件中採取何種行動。」他告訴西德二郎：「女王政府不會對任何一方進行任何形式的干涉。」西德二郎大為高興地說：「這樣，確信會締結和約了。」西德二郎又因羅拔諾夫不願討論日本媾和條件而感到苦惱，問計於他。拉塞爾斯答曰：「我對此並不感到吃驚。我很理解，羅拔諾夫先生應該感到為難。因為，很顯然，俄國不可能同意日本的要求。日軍既已取得了輝煌的成功，我覺得日本的要求不妨稍微寬鬆一些。而且，恕我直言，這樣做也是明智的。」[314] 英國方面的態度，對日本堅持在條約中割占遼東半島並在某些條款中作出適當放寬發揮決定性的作用。

---

[312]　《中日戰爭和三國干涉 (1894～1895)》，第209～210頁。
[313]　《中日戰爭和三國干涉 (1894～1895)》，第210～211頁。
[314]　《中日戰爭和三國干涉 (1894～1895)》，第212頁。

第五章　馬關議和前後的國際關係

　　日本在努力摸清英、俄兩強態度的同時，也十分重視透過友好的美、義兩國探聽各國的動向。栗野慎一郎與格萊星姆一直頻繁接觸。4月5日，格萊星姆提醒栗野慎一郎：「俄國野心甚大，令人難測高深。」又建議說：「對日本而言，避免在大陸上與俄國接觸，以海洋為防禦線，方為上策。」6日，義大利外交部長布朗克向高平小五郎表示，欣賞日本提出的通商要求，但「還是覺得賠款的數量太多」。7日，二人再次會晤時，高平小五郎再三解釋日本要求賠款金額之根據，布朗克仍然認為：「在臺灣及盛京省南部之外，尚要求幾達10億法郎之賠款，總非小額之數。」又說：「割讓盛京省南部，不難預見似將引起俄國之猜忌，從而有招致他國置喙之虞。」同時，在這幾天裡，從義大利政府機關報到普通報紙，紛紛刊載中日和談消息，也「均為賠款金額之巨而感到驚訝」[315]。對於這些大國的反應，日本政府也不能不加以考慮。

　　日本不是不怕俄國等列強趁機干涉，但已摸清英國支持日本，總覺暫可有恃無恐。回味一下高平小五郎曾經和布朗克所作的一次談話，倒是饒有趣味：

　　布朗克：「關於割地問題，如屢次對貴公使私下所談，已成為各國干涉之話題。然而，貴國果真要求土地，須與英、俄等與東亞最有直接關係之國家預先達成協議。何況以俄國而論，自然有攫取中國領土之意。貴公使以為俄國將要求何地？」

　　西德二郎：「俄國目前為使西伯利亞鐵路直達海參威，希望取得滿洲之部分土地。」

　　布朗克：「貴國必為此感到不快。」

---

[315]　《日本外交文書》，第28卷，第612、614、621號。

第三節　《馬關條約》與列強

西德二郎：「若要求該地，中國或不得已而同意，此為難以逆料之事。」

布朗克：「事若至此，英國抑或要求某地。」

西德二郎：「或將如此。然而，英國已擁有廣大領土，其政務上之困窘狀況為世人所周知，因而英國不欲於東亞更擴張其版圖，以擔當政務之責。因唯恐俄國東侵，故迄於數月前曾援清保朝，以期抵擋俄國。但在此次戰爭中，清國完全表現其軟弱無力，史於是英國目前之策略已完全改變。因此，如果俄國欲要奪取滿洲之土地，說不定英國會採取奪某戰略要地以進行抵制之策。」[316]

不難由此看出，西德二郎的談話實際上反映出日本政府為應付當時的困難局面，準備採取的是一種「以英制俄」的外交策略。

伊藤博文和陸奧宗光反覆權衡之後，感到一方面要重視和照顧各大國的意向，一方面也不能不考慮中方的態度：「讓北地以海城為止，賠費以一萬萬外為止」，與《和約底稿》的差距太大，可能不容易一下子就範。尤其是日本破譯的4月9日李鴻章發回國內的電報中有「罷議而歸」、「停戰展期已絕望，請飭各將帥及時預備」[317]等語，使伊藤博文、陸奧宗光感到驚慌。明治天皇也認為，萬一談判決裂，即使訂北京城下之盟，「難免要受外國干涉，最後割據領土也將成為泡影」[318]。於是，決定提出讓步的方案。

4月10日，雙方全權大臣繼續會議，日方提出對中方和約修正案的改定條款節略。此節略與《和約底稿》相比，在某些條件方面有所減

---

[316]　《日本外交文書》，第28卷，第620號。
[317]　《李文忠公全集》電稿，第20卷，第34頁。
[318]　信夫清三郎編：《日本外交史》上冊，第281頁。

第五章　馬關議和前後的國際關係

少。主要是：一、縮小了遼東半島的割讓地區，北到海城為止；二、軍費賠款減至 2 億兩，分 7 年付清；三、取消北京、湘潭、梧州三地的開放和從長江到湘潭、經西江到梧州的航行權，並放棄日貨進口輸納每百抽二抵代稅的要求；四、賠款擔保地除去奉天，只占威海衛。對於日方的節略，李鴻章就賠款、讓地兩項進行辯駁。伊藤博文稱：「今日之事，所望於中堂者，唯『允』與『不允』之明確答覆而已！」[319]

《馬關條約》談判場景

此後，李鴻章雖然仍想爭取日方進一步放鬆某些條件，但伊藤博文絕不鬆口，並聲稱：「所有昨交和約條款，實為盡頭一看。」[320] 甚至以續發大軍相恫嚇。4 月 17 日，李鴻章終於奉旨在日本馬關春帆樓與日本全權代表簽訂了空前喪權辱國的《馬關條約》。此條約包括《講和條約》11 款、《議訂專條》3 款及《另約》3 款。其全文如下：

---

[319]　《日本外交文書》，第 28 卷，第 1089 號，附件二。
[320]　陸奧宗光：《蹇蹇錄》，第 151 頁。

第三節 《馬關條約》與列強

講和條約

大清帝國大皇帝陛下及大日本帝國大皇帝陛下為訂定和約，俾兩國及其臣民重修平和，共享幸福，且杜絕將來紛紜之端，大清帝國大皇帝陛下特簡大清帝國欽差頭等全權大臣太子太傅文華殿大學士北洋通商大臣直隸總督一等肅毅伯爵李鴻章，大清帝國欽差全權大臣二品頂戴前出使大臣李經方，大日本帝國大皇帝陛下特簡大日本帝國全權辦理大臣內閣總理大臣從二位勳一等伯爵伊藤博文，大日本帝國全權辦理大臣外務大臣從二位勳一等子爵陸奧宗光為全權大臣，彼此校閱所奉諭旨，認明均屬妥善無闕，會同議定各條款，開列於下：

第一款　中國認明朝鮮國確為完全無缺之獨立自主，故凡有虧損獨立自主體制，即如該國向中國所修貢獻典禮等，嗣後全行廢絕。

第二款　中國將管理下開地方之權，並將該地方所有堡壘軍器工廠及一切屬公物件，永遠讓與日本：

一、下開劃界以內之奉天省南邊地方，從鴨綠江口溯該江口以抵安平河口，又從該河口劃至鳳凰城、海城及營口而止，畫成折線以南地方，所有前開各城市邑，皆包括在劃界線內，該線抵營口之遼河後，即順流至海口止，彼此以河中心為分界，遼東灣東岸及黃海北岸，在奉天省所屬諸島嶼，亦一併在所讓境內；

二、臺灣全島及所有附屬各島嶼；

三、澎湖列島，即英國格林尼次東經119°起至120°止，及北緯23°起至24°之間諸島嶼。

第三款　前款所載及黏附本約之地圖所劃疆界，俟本約批准互換之後，兩國應各選派官員二名以上，為公同劃定疆界委員，就地踏勘，確定劃界；若遇本約所訂疆界於地形或治理所關有礙難不便等情，各該委員等當妥為參酌更定。各該委員當從速辦理界務，以期奉委之後，限一

第五章　馬關議和前後的國際關係

年竣事；但遇各該委員等有所更定劃界，兩國政府未經認准以前，應據本約所定劃界為正。

第四款　中國約將庫平銀二萬萬兩交與日本，作為賠償軍費。該款分作八次交完：第一次五千萬兩，應在本約批准互換後六個月交清；第二次五千萬兩，應在本約批准互換後十二個月內交清；餘款平分六次，遞年交納。其法列下：第一次平分遞年之款，於兩年內交清；第二次於三年內交清；第三次於四年內交清；第四次於五年內交清；第五次於六年內交清；第六次於七年內交清。其年分均以本約批准互換之後起算。又第一次賠款交清後，未經交完之款。應按年加每百抽五之息。但無論何時，將應賠之款，或全數或幾分，先期交清，均聽中國之便。如從條約批准互換之日起，三年之內，能全數清還，除將已付利息，或兩年半或不及兩年半，於應付本銀扣還外，餘仍全數免息。

第五款　本約批准互換之後，限二年之內，日本准中國讓與地方人民願遷居讓與地方之外者，任其變賣所有產業，退去界外；但限期滿之後尚未遷徙者，酌宜視為日本臣民。

又臺灣一省，應於本約批准互換後，兩國立即各派大員至臺灣，即於本約批准互換後兩個月內交接清楚。

第六款　中日兩國所有約章，因此次失和，自屬廢絕，中國約俟本約批准互換之後，速派全權大臣，與日本所派全權大臣會同訂立通商行船條約及陸路通商章程。其兩國新訂約章應以中國與泰西各國現在約章為本。又本約批准互換之日起，新訂約章未經實行之前。所有日本政府官吏臣民及商業工藝行船船隻陸路通商等，與中國最為優待之國禮遇護視，一律無異。

中國約將下開讓與各款，從兩國全權大臣畫押蓋印日起，六個月後方可照辦：

第三節 《馬關條約》與列強

第一，現在中國已開通商口岸之外，應准添設下開各處，立為通商口岸，以便日本臣民往來僑寓，從事商業工藝製作。所有添設口岸，均照向開通商海口或向開內地鎮市章程一體辦理，應得優例及利益等，亦當一律享受：一、湖北省荊沙府沙市；二、四川省重慶府；三、江蘇省蘇州府；四、浙江省杭州府。日本政府得派遣領事官於前開各口駐紮。

第二，日本輪船得駛入下開各口，附搭行客，裝運貨物：一、從湖北省宜昌溯長江以至四川省重慶府；二、從上海駛進吳淞江及運河以至蘇州府、杭州府。中日兩國未經商定行船章程以前，上開各口行船，務依外國船隻駛入中國內地水路現行章程照行。

第三，日本臣民在中國內地購買經工貨件，若自生之物，或將進口商貨運往內地之時，欲暫行存棧，除勿庸輸納稅鈔派徵一切諸費外，得暫租棧房存貨。

第四，日本臣民得在中國通商口岸城邑，任便從事各項工藝製造，又得將各項機器任便裝運進口，只交所定進口稅。

日本臣民在中國製造一切貨物，其於內地運送稅內地稅鈔課雜派，以及在中國內地沽及寄存棧房之益，即照日本臣民運入中國之貨物，一體辦理，至應享優例豁除，亦莫不相同。

嗣後如有因以上加讓之事，應增章程規條，即載入本款所稱之行船通商條約內。

第七款　日本軍隊現駐中國境內者，應於本約批准互換之後三個月內撤回，但須照次款所定辦理。

第八款　中國為保明認真實行約內所訂條款，聽允日本軍隊暫行占守山東省威海衛。又於中國將本約所訂第一、第二兩次賠款交清，通商行船約章亦經批准互換之後，中國與日本政府確定周全妥善辦法，將通商口岸關稅作為剩款並息之抵押，日本可允撤回軍隊。倘中國政府不即

第五章　馬關議和前後的國際關係

確定抵押辦法,則未經交清末次賠款之前,日本應不允撤回軍隊。但通商行船約章未經批准互換以前,雖交清賠款,日本仍不撤回軍隊。

第九款　本約批准互換之後,兩國應將是時所有俘虜盡數交還。中國約將日本所還俘虜並不加以虐待,若或置於罪戾。中國約將認為軍事間諜或被嫌逮繫之日本臣民即行釋放,並約此次交仗之間所有關涉日本軍隊之中國臣民,概予寬貸,並飭有司不得擅為逮繫。

第十款　本約批准互換日起,應按兵息戰。

第十一款　本約奉大清帝國大皇帝陛下及大日本帝國大皇帝陛下批准之後,定於光緒二十一年四月十四日,即明治二十八年五月初八日,在煙臺互換。

為此,兩國全權大臣署名蓋印,以昭信守。

大清帝國欽差頭等全權大臣太子太傅文華殿大學士北洋通商大臣直隸總督一等肅毅伯爵李鴻章,大清帝國欽差全權大臣二品頂戴前出使大臣李經方,大日本帝國全權辦理大臣內閣總理大臣從二位勳一等伯爵伊藤博文,大日本帝國全權辦理大臣外務大臣從二位勳一等子爵陸奧宗光,光緒二十一年三月二十三日,明治二十八年四月十七日,訂於下之關,繕寫兩份。

議訂專條

大清帝國大皇帝陛下政府及大日本帝國大皇帝陛下政府,為預防本日署名蓋印之和約日後互有誤會,以生疑義,兩國所派全權大臣會同議訂下開各款:

第一,彼此約明,本日署名蓋印之和約,添備英文,與該約漢正文日本正文校對無訛。

第三節 《馬關條約》與列強

第二,彼此約明,日後設有兩國各執漢正文或日本正文有所辯論,即上上開英文約本為憑,以免舛錯,而昭公允。

第三,彼此約明,將該議訂專條,與本日署名蓋印之和約一齊送交各本國政府,而本日署名蓋印之和約請御筆批准,此議訂各款無須另請御筆批准,亦認為兩國政府所允准,各無異論。

為此兩帝國全權大臣欲立文憑,各行署名蓋印,以昭確實。

另約

第一款 遵和約第八款所訂暫為駐守威海衛之日本國軍隊,應不越一旅團之多,所有暫行駐守需費,中國自本約批准互換之日起,每一週年居滿,貼交四分之一,庫平銀五十萬兩。

第二款 在威海衛應將劉公島及威海衛口灣沿岸,照日本國里法五里以內地方,約闊中國四十里以內,為日本國軍隊駐守之區。

在距上開劃界,照日本國里法五里以內地方,無論其為何處,中國軍隊不宜逼近或駐紮,以杜生釁之端。

第三款 日本國軍隊所駐地方,治理之務仍歸中國官員署理;但遇有日本國軍隊司令官為軍隊衛養安寧軍紀及分布管理等事必須施行之處,一經出示頒行,則於中國官員亦當責守。

在日本國軍隊駐守之地,凡有犯關涉軍務之罪,均歸日本國軍務官審斷辦理。

此另約所定條款,與載入和約,其效悉為相同。

為此兩國全權大臣署名蓋印,以昭信守。[321]

---

[321] 《中日戰爭》(七),第495～500、503～504頁。

第五章　馬關議和前後的國際關係

4月18日，即簽約的第二天，李鴻章乘輪回國。船至大沽後，先派隨員星夜齎送約本至京。20日，奏報簽約經過，對割地事務多所辯解。《馬關條約》既已簽訂，下一步就等待批准了

六　抵押臺灣計畫的失敗

早在西元1894年冬季，日本輿論界就紛紛建議在締結和約時把臺灣永久割讓給日本。看來，日本要求永占臺灣已無疑問。於是，隨著中日戰爭形勢的發展，臺灣問題日益為各國所關注。英國政府也在考慮臺灣的價值及對日占臺灣應採取的方針。

先是在12月間，當時有一位居住在臺灣的英國人朗佛德致函楚恩遲，專門論及臺灣的價值及日本割占該島將對英國產生的後果。他認為，日本取得臺灣後擴大種植原棉和蔗糖，將會嚴重影響英國的東方貿易和在東南亞的戰略地位。首先，「西元1892～1893兩年間，印度從英國進口原棉平均價值為400萬美元，為英國運輸業提供了大量賺錢和工作的機會，而且可能保持繼續增長的勢力。但當日本在其勢力範圍內憑藉本國輪船得到足夠的供應時，英國的這些利益將全部損失。而且，那時將為正在繁榮和擴大的日本紡織業帶來巨大的刺激，使日本紡織業朝著實現其淘汰英國和孟買紗線，並完全控制目前全部由英國和印度供應的整個東方紗線市場的野心又前進一步」。其次，「日本的煉糖業將再次進行嘗試。人們確有把握地預計，日本煉糖業會以低於目前實際上壟斷中日煉糖供應的香港產品的價值賣出。其結果，使香港喪失在該特產貿易方面的全部價值──對日貿易額年均超過650萬美元（且不說對華

第三節　《馬關條約》與列強

貿易額)」。再者,「臺灣對英國具有重要的戰略意義。幾乎不言自明,日本將在臺灣西海岸或靠近現已投產的煤礦北面建兵工廠,對香港或遠至中國北部的英國運輸業都是很大的威脅。日本已經表明它具有強大的海軍。日本從中國得到的償金將大部分用於自身的發展,幾年後日本將擁有世界第一流的艦隊。……日本人在這裡能夠找到他們建設強大的海軍的兵工廠所需的一切。到那時,實力增強的日本艦隊將迫使英國在香港不斷擴充保衛部隊和防禦工事,或許還要增加駐泊於新加坡和中國的英國艦隊力量」。[322]

無獨有偶,幾乎與此同時,在臺灣打狗居住了15年的英國醫生馬雅各(Dr. James Laidlaw Maxwell)也致函歐格訥,詳細地介紹臺灣「得天獨厚的自然經濟資源優勢」:「取之不竭、用之不盡的煤礦」、「大量的石油」,黃金及「其他種類的金屬礦物資料」、「各種纖維植物、樟腦樹、印度橡膠樹、菸草和眾多種類極有價值的木材樹」等等。他還指出在巴蘭德擔任德國駐華公使的後期(西元1891～1892年),「德國政府對臺灣島表現出相當濃厚的興趣」、「柏林令其代表認識到,他的唯一使命是獲得有關臺灣資源的最詳細的情報,尤其是關於它作為輪船加煤站和綜合性戰略中心所具有的潛力方面的情報」。最後,他對臺灣的戰略理念給予了充分的認同:「臺灣一旦被攻克,其占領者就能把它變成堅不可摧的堡壘。由於打狗的環礁湖可以改造成海港,它將為在中國海一帶進行貿易的各國商船提供莫大的方便。而且作為海軍良港,無論在平時還是戰爭期間,這片被陸地包圍著的水域都具有不可估量的價值。」[323]

---

[322]　《中日戰爭和三國干涉 (1894～1895)》,第35～36頁。
[323]　《中日戰爭和三國干涉 (1894～1895)》,第120～127頁。

第五章　馬關議和前後的國際關係

英國外交部對以上情報很重視，於西元 1895 年 1 月 24 日致函軍事情報局詢問臺灣的經濟及戰略價值。主持該局工作的查普曼（Edward Francis Chapman）將軍覆函柏提副大臣稱：

我們所掌握的有關情報充分證實了朗佛德的報告。該島的自然資源為發展提供了保證，其限制主要取決於能否為產品找到市場。假如日本人一旦打開了市場，不僅僅是棉花貿易，還有稻米、蔗糖、靛青及茶葉等產品，都將對印度或香港市場產生影響。此外，據報告說，該島蘊藏著煤、硫黃、石油及相當數量的黃金。

查普曼認同了臺灣的重要經濟價值，但認為：「在中日戰爭的目前階段，發表日本占領臺灣將在戰略上對英國產生何種影響的意見，未免為時尚早。」[324]

到 3 月間，隨著李鴻章被授予割地之權而東渡議和，割讓臺灣已成勢所必然之事。署理兩江總督張之洞透過龔照瑗向英國政府提出一項抵押臺灣的計畫，即中國「除宗主國權之外，把臺灣的全部權利轉讓給一個英國企業聯合組織」。金伯利的答覆是：「我十分欣賞中國對英國的友好感情。不過，英國政府不能鼓勵這樣的計畫，因為在目前情況下，該計畫不可能得以實施。這種圖謀只會使中國政府處於更加難堪的境地。」[325]

金伯利不僅拒絕中國抵押臺灣的計畫，而且還透過來訪的法國駐英大使柯賽（Albert de Courcel）建議其政府「採取和女王政府相同的行動」。這位法國大使表示：「法國將不反對把臺灣割讓給日本，卻堅決反

---

[324]　《中日戰爭和三國干涉（1894～1895）》，第 40 頁。
[325]　《中日戰爭和三國干涉（1894～1895）》，第 118 頁。

第三節　《馬關條約》與列強

對割讓澎湖列島。」為此，英國外交部特就澎湖的戰略價值徵詢海軍部的意見。答覆是：「列島擁有許多好的停泊點，而且馬公島還有一個良港。由於附近的臺灣島缺乏理想的海港，它的價值大大增加了。另外，列島所處的地理位置提高了對中國大陸和臺灣懷有侵略野心的海軍強國心目中的重要性。看來，澎湖列島肯定會被擁有絕對海洋優勢的強國所占領或利用。但是，是否值得把馬公港變成一個永久性的海軍基地還有待考慮。由於其陸地地勢較低，容易從多方面受到來自海上的襲擊，所以加強該港的有效防禦會難度很大，將是一項耗資巨大的工程。」[326]據此，金伯利決定採取聽任日本割讓澎湖列島的政策。

4月以後，歐洲國家反對日本割占臺灣的呼聲變得強烈。德國外交大臣馬沙爾公開對英國政府的對日政策表示不滿。他對英國駐德大使馬來特說：「從長遠看，日本據有澎湖列島、臺灣和旅順港，對歐洲在東方的商業利益構成真正的威脅。現在正是列強應該發出一致呼聲之際。如果喪失了這一時機，恐怕此後歐洲會發現自己犯了一個嚴重的錯誤。」楚恩遲也向金伯利報告，從和法國駐日公使哈爾曼的談話中得到「一種越來越強烈的印象，即日本若作為媾和條件要求割讓臺灣和澎湖列島，法國就會抗議侵犯了其利益」。而且，還傳出法國外交部長阿諾託有這樣的話：「假如日本觸動臺灣，那就惹著我們了！」澳門商會也以在臺灣和澳門的英國商人的名義發電呼籲：要求英國當局「防止損害至關重要的既得利益」。[327]

與此同時，德、法、英、美等國都有軍艦到安平及淡水一帶活動，

---

[326]　《中日戰爭和三國干涉（1894～1895）》，第143、145頁。
[327]　《中日戰爭和三國干涉（1894～1895）》，第212、213、252、229頁。

第五章　馬關議和前後的國際關係

甚至派海軍陸戰隊上岸駐紮。一時謠言四起，或傳說「法國政府已電令其艦隊司令向臺灣出發，欲置臺灣於法國保護之下」，或傳說「英國企圖占領臺灣」。[328] 鬧得風聲鶴唳，似乎法、英兩國將以武力干涉日占臺灣，戰爭大有一觸即發之勢。

其實，法國的確早就對臺灣垂涎不已，尤其是企圖阻止日占澎湖，以便有朝一日將列島據為己有。它希望和俄國聯合干涉日本割占澎湖。巴黎出版的《新報》刊載文章，甚至勸告俄國政府占領澎湖島。俄國的注意力正全部集中於朝鮮和遼東半島，對臺灣及澎湖皆無興趣，法國很難獨自採取任何行動。俄國《新時代》報所刊的一篇評論指出：「法國為鞏固其太平洋上的勢力，不但已耗費大量的兵力和資金，而且目下還一心從事馬島之遠征，所以共和國政府無決心同時建立兩處的殖民事業。臺灣雖為該國政略家垂涎已久之地，但在日本艦隊出沒於其近海之今日，法國各報對此未出一言之爭辯。」[329] 這說明法國不是不想對臺灣插手，只不過是感到力不從心而已。

英國則與法國不同，它寧可支持日本占領臺灣。英國海軍部對臺灣的軍事地位評價並不高，認為：「從海軍的眼光看，臺灣不像科隆（Kelung）那樣擁有真正的良港，唯一可考慮的海港卻受東北強風的影響，而且過於暴露。」英國商業部則從發展貿易的角度分析，認為：「割讓臺灣、澎湖列島和盛京省之一部，會給日本在這些地區帶來管理的好處，但日本的貿易本身並不很大，而且即使在它占領後有所增長，也不會具有直接的重要意義。據《泰晤士報》的電訊，長江和廣州河流將對

---

[328]　《中日戰爭和三國干涉（1894～1895）》，第 284、394 頁。
[329]　《日本外交文書》，第 28 卷，第 636、628 號。按：引文中的「馬島」，指馬達加斯加島，即今之馬達加斯加共和國。

第三節 《馬關條約》與列強

所有國家開放，這倒大有文章可做。看來，在條約的所有條款中，這一條才是最重要的。我們將按最惠國條款得到好處。」[330] 這樣，英國政府為自身的利益著想，覺得滿足日本的全部條件還是划得來的。所以，當聽到英國欲占臺灣的謠傳時，英國政府趕快進行闢謠[331]，以解除日本的誤會。

直到此時，中國朝野還頗有人把保臺的希望寄託在英國身上。其辦法是將原先的抵押臺灣計畫進一步實際化了。4 月 20 日，臺灣巡撫唐景崧約見英國駐淡水領事金璋，請他會見一批當地士紳。士紳們提出：「請英國和德國將臺灣置於保護之下，以煤、樟腦、茶葉、黃金和硫黃的關稅歸英國所有，而中國則保留領土和行政權，並繼續徵收田賦。」隨後，唐景崧又致電駐英使館向英國外交部通報這一計畫。英國外交部指出，這一計畫不是來自總理衙門，「接受巡撫的建議是一種對中國的不友好行為，只能給兩國關係帶來麻煩」[332]。英國再次拒絕了抵押臺灣的方案。

事實上，以臺灣士紳名義提出的抵押臺灣方案，也是得到朝廷同意的。剛好在 4 月 27 日這天，慶親王奕劻便偕孫毓汶、榮祿訪歐格訥，詢問是否已收到臺灣紳士的呈請書，以及如何看待抵押該島的建議。奕劻毫不隱諱地說明：「透過這一方式，中國將繼續保持對該島的主權，而大多數不願歸順日本的居民也可免於災禍。」歐格訥則答稱：「把該島割讓給日本，肯定在許多方面有悖於英國的利益。我昨天還收到臺灣和廈門商會的請願書，提出這將會損害英國的貿易。但眼下我無法進行

---

[330]　《中日戰爭和三國干涉（1894～1895）》，第 179、216、217 頁。
[331]　《中日戰爭和三國干涉（1894～1895）》，第 394 頁。
[332]　《中日戰爭和三國干涉（1894～1895）》，第 222、261 頁。

第五章　馬關議和前後的國際關係

直接干預。」又謂：「這一主張若在戰前提出，情況會大不一樣。現在看來，就像為一塊已經抵押出去的地產籌集貸款，即使得不到青睞，也不足為怪。我認為，中國政府及為此籌劃的兩江總督大人在列強之間兜售類似之建議，是極不明智的。」奕劻連忙解釋說：「這是臺灣紳民的自發主張，並非我政府的正式要求。希望能轉達貴國政府的任何有關答覆。」[333]

5天之後，即5月2日，李鴻章和英國駐天津領事寶士德也有一次意味深長的長談：

李鴻章：「為何法、德、俄三國反對日本的要求，而英國卻袖手旁觀？」

寶士德：「當鴨綠江之戰以後，英國曾為了中國的利益而致力於和平。目前反對日本的國家，當時並未支持英國。那時，英國急於干預是為了制止戰爭；現在，英國不願干預是因為干預可能會阻止和平。」

李鴻章：「我得知並開始相信，英日之間有一個密約。英國希望扶植日本，使其成為抗衡俄國的有力同盟。」

寶士德：「目前還不清楚女王政府的意圖，但可以肯定沒有密約存在。雙方都抱怨我們偏向一方，這顯然說明我們保持了嚴格中立。」

李鴻章：「我堅持相信英國及歐格訥先生的友誼。如果英國也一起反對日本的要求，它肯定會作出讓步的。」

寶士德：「我雖然不清楚女王政府的真正意圖，但絕不會有不利於中國之舉。現在是關鍵時刻，中國應仔細考慮拒絕批准和約的後果。」

李鴻章：「伊藤向我提出割讓臺灣時，我對他說，跟我談沒有用，

---

[333] 《中日戰爭和三國干涉（1894～1895）》，第402～403頁。

第三節　《馬關條約》與列強

英國是不會允許的：臺灣離香港太近，英國的貿易會受到威脅，而且還要支出一大筆額外經費去保護香港。可伊藤螢有把握地說，英國不會干涉，我們用不著顧慮。很明顯，你們跟日本有某種默契，要不就是日本人輕視你們。」

寶士德：「英日之間沒有默契，日本人也不敢輕視我們。」

李鴻章發了一通牢騷，把對英國的不滿發洩得淋漓盡致，並尖銳地指出了英國政府為防俄而親日的傾向。他把這位英國領事說得無法正面回答，只能以不知情等空言來自我辯解。儘管如此，還得言歸正傳。李鴻章又把話題轉到抵押臺灣方案上來：「法國想得到臺灣，但它很難對付。英國若不採取行動，法國就要搶先了。我私下跟你談論此事，並非異想天開，問題是英國應該有所行動了。」繼而又補充道：「請函問歐格訥先生，貴國政府若感興趣，最好英國公使能來天津跟我具體商談。總理衙門人員太多，在那裡磋商使人心煩。歐格訥先生跟我在這裡會很快達成協議。」[334]

當然，這些商談都是徒費唇舌，不會取得任何成果，因為歐格訥已經接到了金伯利的密電：「上峰已經作出允許日本占領臺灣的暗示。」[335] 抵押臺灣計畫的提出者，其主觀願望無疑是好的，然而由於太不了解世界大勢及列強之間的複雜關係，其失敗是必然的。到頭來只落得個瞎忙一場！

---

[334]　《中日戰爭和三國干涉（1894～1895）》，第 404～405 頁。
[335]　《中日戰爭和三國干涉（1894～1895）》，第 406 頁。

第五章　馬關議和前後的國際關係

第四節　三國干涉與煙臺換約

一　俄德法三國同盟與英國

隨著中日戰爭發展到後期，歐洲各國已經在醞釀聯合干涉的問題。中日《馬關條約》的簽訂，為列強的聯合干涉提供了一個絕好的機會。俄、德、法三國結成同盟的時機成熟了。

俄國之所以與德、法二國結成同盟，是為了它自身在遠東的擴張，而日本的要求卻剛好妨礙了它所謀求的利益。俄國為貫徹其東進南下的侵略方針，夢想在遠東有一個不凍港，早就想占領朝鮮的巨濟島和永興灣，並攫取中國的東北地區，以作為其在遠東擴張的基地。基斯敬承認：「由於渤海灣多少是在俄國的勢力範圍中，不言而喻，日本在此一海灣的鞏固，即在旅順口及威海衛的鞏固，在相當程度上會損害我們的利益。假使日本占領朝鮮，則中國利益首先會觸犯。」當西元 1895 年春中日議和問題提到議事日程之後，俄國政府於 1 月 20 日舉行的特別會議便作出了三項決定：「一、增強中國在太平洋的艦隊，以至使中國在太平洋上的海軍力量盡可能較日本為強，令海軍代理大臣與財政大臣協議撥發該項款項。二、令外交部與英國及其他歐洲列強，主要是法國，達成協議，如果日本政府和中國締結和約時，所提出的要求侵犯中國的重要利益，則對日本施以共同壓力。同時外交部應注意我們的主要目的，是維護朝鮮的獨立。三、假使在上述根據上與英國及其他列強協議的企圖未獲成功，而要和外國列強共同保證朝鮮的獨立時，則由於極東所發

第四節　三國干涉與煙臺換約

生的事件,應再開會討論我們進一步行動方式的問題。」[336] 其第二條決定,就成為後來組成三國聯合干涉陣線的藍本。

俄國準備聯合的對象,主要是法國。法國早就有謀占東方領土的野心。在一個很長的時期內,它主要是透過支持天主教的傳教事業,來加強其在東方的影響。到西元 1885 年,透過中法戰爭,法國終於在東南亞大陸確立了有利的地位。在中法戰爭期間,法國軍隊一度占領臺灣基隆和澎湖列島。10 年之後,法國雖然對臺灣仍存垂涎之意,但此時正用兵於馬達加斯加島,顯然力難兼顧。它又藉口感情的原因企圖染指澎湖列島,卻得不到任何一個大國的支持。法國政府在望洋興嘆之餘,對外始終裝著對中日戰爭漠不關心的樣子。當中日戰爭正在激烈進行之際,法國公使施阿蘭卻奉命和總理衙門進行關於湄公河流域邊界劃分問題的談判。直到 3 月下旬,法國政府的態度仍然不夠明朗。對此,俄國外交大臣羅拔諾夫似乎有點焦急,於 3 月 25 日上奏沙皇稱:「法國政府似乎也反對將澎湖列島割讓日本,可是我們並不知道它會支持自己的及中國的要求到何種程度。」[337] 儘管如此,法國以俄法同盟之故,並為了自身的利益,不能不跟隨俄國而採取共同的行動。

與法國相比,德國的遠東政策要積極得多。早在西元 1861 年,艾林波 (Friedrich zu Eulenburg) 伯爵擔任普魯士東亞外交使團首領之後,即曾向其政府提出占領臺灣的建議。1868 年,德國地質學家李希霍芬 (Ferdinand von Richthofen) 在中國東南沿海考察後,認為舟山適宜作為戰略據點,因為「這個口岸是易於設防的,並且由一支艦隊可以控制它

---

[336]　《中日戰爭》(七),第 303、307 頁。
[337]　《中日戰爭》(七),第 308～309 頁。

第五章　馬關議和前後的國際關係

同華北及日本的交通」[338]。他建議首相俾斯麥吞併舟山。到 1882 年，他出版了《中國論集》（China: Results of My Travels and the Studies Based Thereon）第 2 卷，又鼓吹占領膠州灣的重要性。他指出：該港口符合一個伸展到華北的鐵道網的海岸據點的條件，除其戰略意義外，「它將替華北的棉花、鐵和其他產品創造一個便利的出路和使進口貨便宜地通往一些重要的地區」[339]。但是，30 多年來，德國在遠東攫取據點的夢想始終未能實現，而中日甲午戰爭的發生卻為此提供了前所未有的機會。

西元 1894 年 11 月間，德國政府內部已經開始討論在中國占領據點的問題了。德國首相霍亨洛（Hohenlohe）聲稱：「無論在任何情況之下，我們不能因此而受損失，或被人驚駭。我們在亞洲亦需要一個據點，因為我們的商業每年值 4 億馬克。」他主張實現艾林波伯爵的遺願，乘機奪取臺灣。外交大臣馬沙爾的意見則有不同，雖然也同意「德國在中國的利益不應一無所得」，但認為：「現在企圖將臺灣割讓給德國和日本達到諒解，似已無成功希望，因為日本自己視臺灣為勝利品。德國欲於此時提出此種要求，必引起列強之猜疑，大大地損害我們的政策。」德國駐華公使紳珂建議：「如果別的國家利用中日戰爭在中國取得領土，我們應注意為我們東亞海軍及商業取得一個強大的根據地。第一，應注意位於山東海角的膠州灣；第二，在臺灣海峽中之澎湖列島。」可是，在馬沙爾看來，「膠州海灣之占據，在目前不能希望有經濟利益」，而「澎湖列島完全沒有價值，它沒有內地可提供為商業之用」。至於占領臺灣省，除存在著日本的障礙外，還要冒和法國發生衝突的危險，「不能不

---

[338]　施丟克爾：《十九世紀的德國與中國》，第 93 頁。
[339]　施丟克爾：《十九世紀的德國與中國》，第 97 頁。

第四節　三國干涉與煙臺換約

有保衛它必要的犧牲，這在我們現在是不能做到的」。[340] 這場討論持續了兩個多月，仍未取得一致的意見，也就暫時不了了之。

當得知李鴻章受命中國全權大臣赴日和談及列強聞風而動的消息之後，德皇威廉二世親自指示：「對於英、法間的矛盾及英、俄間的矛盾，我們的政策必須完全自主獨立，俾每一時候，當英國絕對需要我們，求我們的援助，它將要付給我們一個適當的代價；當它沒有我們的參加而進行戰爭，我們將要取我們所需的東西。」[341] 根據德皇的諭令，霍亨洛建議採取以下的政策：「一方面，對於只有利於他國之行動，固不應早期加入；而在另一方面，對於參加此類行動之權利，則當預為保留。蓋此項行動能使歐洲列強之東亞勢力分配，為之消長變動故也。」[342] 這說明德國正準備看準時機以參加列強的聯合行動。

德國遠東政策的積極性，還表現在它首先向俄國發出了聯合的呼籲。3月23日，馬沙爾致電其駐俄大使館代辦齊爾緒基（Chirski）向羅拔諾夫轉達德國政府的意願：「我們相信，我們在那邊的利益與俄國的利益並不衝突，因此我們準備與俄國進行交換意見及最後一道交涉。」[343] 俄國政府對德國的建議表示歡迎。俄、德兩國的聯合意向便為後來俄、德、法三國結成同盟奠定基礎。

俄國政府對於採取干涉的政策還頗有顧慮，所以遲遲難以作出決斷。亞洲司長克卜尼斯特主張，必須與英國聯合行動，因為「要與所有歐洲國家一起行動是非常困難的，類似的企圖只有預先得到最強的海軍

---

[340]　《中日戰爭》（七），第 324～327 頁。
[341]　《中日戰爭》（七），第 337 頁。
[342]　王光祈譯：《三國干涉還遼秘聞》，第 5 頁。
[343]　《中日戰爭》（七），第 338 頁。

第五章　馬關議和前後的國際關係

國家英國的肯定允諾後，才有成功的可能」[344]。這只不過是他的一廂情願而已。

羅拔諾夫則不同，他考慮了各種可能採取的政策。起初，他一直在聯英和聯日兩種方案之間徘徊。從他3月25日同一天內兩次上奏沙皇所表露的意向，便不難看出：

羅拔諾夫首先想的是採取暫時聯合英國的策略。他在第一件奏文中說：「日本所提和約條件中，最引人注意的，無疑是他們完全占領旅順口所在地的半島。此種占領，會經常威脅北京，甚至威脅要宣布獨立的朝鮮；同時由我們利益來看，此種占領是最不愜意的事實。假使我們決定要求日本放棄此種條件時，將發生一個問題：假使他們拒絕我們的要求，我們是否採取強迫措施，抑或在此種情況，能指望和其他強國共同行動？」這裡所說的「其他強國」，首先指的是英國。但是，當羅拔諾夫和英國大使拉塞爾斯談話之後，他得到了這樣的印象：「英國政府的看法雖與我們相同，但英國大概決定不用任何強迫措施，或敵視日本的示威，因為最近英國的輿論愈來愈偏向日本。」[345] 由於英國越來越顯露其親日的傾向，羅拔諾夫感到與英暫時結成同盟是毫無把握的。

於是，羅拔諾夫又想到拉攏日本以對抗英國。他在第二件奏文中對此作了詳細的論述：

我們要在太平洋上獲得一個不凍港，為便利西伯利亞鐵道的建築起見，我們必須兼併滿洲的若干部分。中國在喪失朝鮮以後，沒有任何港口可以讓給俄國，它當然不會自動放棄滿洲地區的一部分。在緊急關

---

[344]　《中日戰爭》（七），第306頁。
[345]　《中日戰爭》（七），第308頁。

第四節　三國干涉與煙臺換約

頭，根本不能把中國看成積極有用的同盟者。另方面，雖然日本的力量在迅速發展，大概在相當時期內需要我們撐腰，即令不是對中國，可以對付英國在海上的優勢，與東方興起的大國達成協議，並非完全不可能。

在亞洲，我們最危險的敵人無疑是英國。它帶著惡意及妒忌注意我們遠東的每一步，這是毫無疑問的。亞洲發生任何困難時，英國的友人常是我們的敵人，它的敵人卻是我們的友人。在英國與俄國發生衝突時，英國常盡可能使中國為其所利用。反之，日本主要是個海上強國，遲早會成為英國的敵手，至少在它本國海面會如此。

每當我們與英國的國交在絕續之際，我們與日本的關係常是中國政策的迫切問題。我們竭盡全力希望日本宣布中立，至少對交戰雙方不封閉其港口，並將港口對一切國家開放。日本各港口對英國而論，並無特殊重要性，因為它在太平洋上有最優良的海上根據地香港。可是，這些港口對我們的艦隊而論，則不僅在平時有頭等重要的意義，在戰時則更為重要，因為中國海參崴（符拉迪沃斯托克）在冬季有 4 個月是凍結的，沒有日本港口去和英國鬥爭是不可思議的。

是聯英還是聯日？羅拔諾夫處於兩難之中。最後，他提出一項左右逢源的建議：

我們當然可以和其他國家一起，主要是和英國一起，設法不使日本由於目前的戰爭而特別強大起來；可是同時我們應該不使其列強得悉，審慎地放棄對日本的任何敵對行動，以便將來不損害中國和日本政府的友好關係。[346]

---

[346] 《中日戰爭》（七），第 310～311 頁。

第五章　馬關議和前後的國際關係

這種明聯英、暗通日的策略，在實際上是絕對行不通的。這說明：身為外交大臣的羅拔諾夫，直到此時還沒有形成一套成熟的遠東外交政策。

4月11日，為了研究對日方針，俄國政府舉行的特別會議作出了兩項決定：「一、在中華帝國北方保持『戰前狀況』，先以友誼方式勸告日本放棄滿洲南部，因為此種占領破壞我們的利益，並將經常威脅遠東的和平；假使日本堅持拒絕我們的勸告，就對日本政府宣布，我們將保留行動的自由，而我們將依照我們的利益來行動。二、正式通知歐洲列強及中國，我們方面並無任何侵占意圖，為保衛我們利益起見，我們認為必須堅決主張日本放棄占領滿洲南部。」[347] 16日，尼古拉二世在皇宮裡召開一次只有數名文武重臣參加的高層會議。會上，財政大臣維特「把日本摒除在大陸以外」[348] 的建議得到了沙皇的認可。這便最後確定了俄國政府的積極干涉政策，也為三國之結盟奠定基礎。17日，即《馬關條約》簽訂的當天，俄國正式邀請德、法兩國參加共同對日干涉行動，得到了正面響應。這樣，俄、德、法三國同盟終於建立。

在此期間，俄、德兩國一直在爭取英國參加聯合行動。在一定的程度上，德國較俄國更顯得積極。據德國前駐華公使巴蘭德分析，和俄國聯合可以「轉移俄國的視線於東方」，使德國的「東方邊境緩和」，而且可能由於中國的感激，以「割讓或租借的方式」得到一處「為我們的海軍停泊或屯煤之所」。真是一舉而兩得！英國內閣已經確定支持日本的方針，拒絕聯合干涉的建議。德皇威廉二世閱看外交大臣送來英國拒絕

---

[347]　《中日戰爭》（七），第318頁。
[348]　《中日戰爭》（七），第313頁。

第四節　三國干涉與煙臺換約

聯合的電報時，親自批道：「照這樣，英國已與日本有密約。」並氣憤地寫下這樣幾句話：「不要改我的指示。英人的短見，將使他們大吃其虧！」[349]

英國之所以拒絕參加聯合干涉，固然是基於其抵制俄國南下政策的遠東戰略，但也表現出對當時形勢的假設不足。起初，英國相信日本政府也許不會對三國讓步，而三國也可能知難而退。當 4 月 20 日金伯利得悉俄、德、法三國決定共同要求日本放棄遼東半島的當天，便致電楚恩遲急切地詢問：「如果俄國政府在法國和德國的支持下，通報日本，聲稱它們將反對日本永久占領遼東半島的意圖，你是否認為日本政府會改變其決定？」同一天，英國駐德大使馬來特報告：「馬沙爾憂心忡忡，認為假如歐洲現在不站出來阻止日本在遠東占據霸主地位，前途將令人憂慮。他給我的印象是，儘管各大國都有此同感，但不會採取積極的一致行動。他說，日本料定了各國缺乏一致的意見；不幸的是，日本這局棋幾乎無可改變地贏定了。」22 日，金伯利又接到楚恩遲的覆電：「我認為，日本不會聽從類似閣下電報中提到的任何警告，除非這些警告背後有武力作後盾。如果中國有理由期待各國的干涉，它可能會拒絕批准和約。此間正在商討這種突發情況。日本軍隊曾經希望到北京發號施令後再談條件。」馬來特的報告和楚恩遲的覆電，使金伯利更加相信原先的判斷準確無誤。英國於 23 日舉行的內閣會議，決定堅持先前的決議。英國認為：「像俄國政府建議的那種策略，是女王政府所不能採取的，因為不知道若日本拒絕屈從他們的要求，幾個大國將考慮採取何種最終措施。而女王政府認為，日本幾乎是一定會拒絕的。」[350]

---

[349]　《中日戰爭》（七），第 347～349 頁。
[350]　《中日戰爭和三國干涉（1894～1895）》，第 221、223、224、225 頁。

第五章　馬關議和前後的國際關係

然而，英國政府的判斷並不正確。就在 4 月 23 日英國舉行內閣會議當天的下午，俄、德、法三國駐日公使向日本政府遞交一份內容大同小異的備忘錄，指出日本割占遼東半島「不但有危及中國首都之虞，同時亦使朝鮮之獨立成為有名無實」、「實對將來遠東永久之和平產生障礙」，因此「勸告日本政府放棄確實領有遼東半島」。[351] 24 日，英國駐俄大使拉塞爾斯會見了羅拔諾夫。這位俄國外交大臣對他說：「假若女王政府支持俄、德、法三國公使昨天在東京對日本政府的通報，堅信日本一定會讓步，絕不會存在必須採取敵對行動的危險；相反，如果女王政府拒絕參加這次通報，戰爭的危險就會大大增加。」於是，拉塞爾斯向金伯利建議：「鑒於異常嚴重的局勢，女王政府可能需要向日本政府指出，假如他們堅持自己的要求，日俄戰爭將不可避免；如果日本放棄其獲取遼東半島的意圖以避免這一災難，將是明智之舉。」金伯利不相信事態發展會真的那麼嚴重。他寧可相信日本公使加藤高明的話：「日本政府不會對這一抗議讓步。」並答覆說：

> 我相信，日本政府會嚴肅地權衡整個事態。用不著我多說，女王政府是按照對日本極其友好的感情行事的，並不想看到日本對中國的合理的勝利果實被剝奪。[352]

金伯利的信心並沒有堅持幾天。4 月 27 日，當加藤高明再次表示「現在要日本收回成命是不可能的」時，他為日本的處境著想，不得不認真考慮拉塞爾斯的建議，勸告加藤高明說：「我當然不能估計日本政府將會遇到多大的國內困難，但我要指出，曾經有過這樣的先例，即眾

---

[351]　陸奧宗光：《蹇蹇錄》，第 156 頁。
[352]　《中日戰爭和三國干涉（1894～1895）》，第 227～228 頁。

第四節　三國干涉與煙臺換約

所周知的《聖斯忒法諾條約》（*Treaty of San Stefano*）。在那次事件中，一個大國遵從了其他幾個大國的抗議，而放棄了戰勝後締結的和約中的一些條件。假如日本採取類似的方針，對日本的榮譽是不會有什麼損害的。」[353]

日本並不情願吐出已經到口的果實，採取了一些反對三國干涉的對策，但都不成功。它又不可能指望英國行動上的支持。於是，日本政府決定接受三國的勸告。後來，中日兩國於11月8日在北京簽訂了《遼南條約》，規定中國以庫平銀3,000萬兩贖還遼東半島。至當年底，中國終於先後收回日軍所占之遼南諸城。

二　煙臺如期換約

4月20日，即《馬關條約》簽訂的三天後，日本明治天皇便批准了條約。並任命內閣書記官伊東巳代治為全權辦理大臣，俟期前往煙臺換約。25日，由美國駐日公使譚恩轉電北京，催問中國何時批准條約。其電有云：「日本皇帝現將所定和約漢、日文各款均已批准，願知中國皇帝將各約何時批准。」[354]

中國批准條約之緩，與日本批准和約之速，形成鮮明的對比。當時，內外臣工交章論奏，樞府諸臣意見不一，清廷正處於猶豫徘徊之中，故遲遲未將條約批准。

群臣紛紛反對和約，而其議論並不盡同，大致有以下幾種意見：

---

[353]　《中日戰爭和三國干涉（1894～1895）》，第234頁。按：聖斯忒法諾，位於巴爾幹半島東南。西元1878年，俄土戰爭後訂約於此，稱為《聖斯忒法諾條約》。
[354]　《中日戰爭》續編（六），第611頁。

第五章　馬關議和前後的國際關係

其一，主張交付諸臣公議。先後提出此建議者有：侍講張仁黼、禮科掌印給事中丁立瀛、貝勒載濂、侍讀奎華、編修呂珮修、侍郎會章、陝西道監察御史熙麟、內閣學士祥霖等數百名官員。侍講張仁黼等三人在合奏中分析內外形勢，謂批准條約適「以和自亡」、「請旨飭下王公大臣、大學士、六部、九卿、翰詹、科道，公同會議以聞，恭史候聖裁。天下大事當與天下共謀之。西國議院人人得抒其所見，是以廣益集思，馴躋富強。從未聞大計大議屏棄群策，唯持此二三臣密謀臆決而遂能計出萬全者也。」[355] 奎華等155名內閣官員條陳認為：「若批准條約，後果嚴重，國將無以為國。」、「歐洲各國虎視眈眈，將欲以此覘我強弱。若屈辱已甚，必啟戒心。法人窺粵、英人窺滇，俄則西窺新疆，東窺三省，四夷交侵，各求所欲，未審又何以給之？……一國啟其端，各國踵其後，欲隱忍圖存，其可得乎？」並建議朝廷「萬勿批准約章，飭下王大臣再行妥議，毋貽後悔。」侍郎會章還抨擊主和的樞臣：「畏葸回惑，密之又密，遂至貽誤宗社，重累皇上。此則私心用事，不肯周諮之故也。」[356] 此議反映了大小臣工對二三樞臣得以「私心用事」的成法嚴重不滿，但在當時這個建議不可能被採納。

其二，主張結外援以制日。群臣中大部分的人不甘心割地賠款，但又對中國自身的力量缺乏信心，所以便將眼光轉向西洋外國。編修李桂林等83名翰林院官員提出「因各國之爭執，徐觀事變」[357] 的建議，在當時頗有代表性。有些官員提的建議更實際。如河南道監察御史宋承庠奏稱：「聞俄主知倭人需索各款，違背公法，有出而相助之意。即英、

---

[355]　《清光緒朝中日交涉史料》(2988)，第38卷，第24頁。
[356]　《清光緒朝中日交涉史料》(2996、3005)，第39卷，第1、8頁。
[357]　《清光緒朝中日交涉史料》(2985)，第38卷，第21頁，附件一。

第四節　三國干涉與煙臺換約

法諸國，亦嘖有煩言，甚不願倭人逞志於我，擾彼商務，但未肯先發，互相觀望。臣愚以為洋人趨利如鶩，若以重賂餌之，必能出為我用。倭人索賠兵費至二萬萬兩之多，若以此款分賂各國，約為援助，諒必樂從。」[358] 署南洋大臣張之洞則奏稱：「非借兵威不能廢約，此時欲廢倭約保京城、安中國，唯有乞援強國一策。俄國已邀法、德阻倭占地，正可乘機懇之。乞援非可空言，必須予以界務、商務實利。竊思威、旅乃北洋門戶，臺灣乃南洋咽喉，今朝廷既肯割此兩處與倭，何不即以賂倭者轉而賂俄、英乎？所失不及其半，即可轉敗為勝。唯有懇請敕總署及出使大臣，急與俄國商訂立密約，如肯助我攻倭，脅倭盡廢全約，即酌量劃分新疆之地，或與南路回疆數城，或北路數城以酬之，並許以推廣商務。如英肯助我，則酌量劃分西藏之後藏一帶地，讓與若干以酬之，亦許以推廣商務。」[359] 此外，還有南書房翰林張百熙請「聯繫俄、法、英、德諸國，令其各出師船以助我」[360]；廣東巡撫馬丕瑤提出「遠交近攻」之策，聯絡英、法、俄三國「或伐倭使分其地，或責倭使阻其兵」[361]；欽差大臣劉坤一奏以土地賂俄、法、德三國，令其「摧倭水師」，使之「不能重振」[362] 等等。這些意見的提出者完全不了解世界及遠東大勢，對西方列強存在非常大的幻想，甚至不惜用「前門拒虎，後門進狼」方法以救燃眉之急，這不僅行不通，而且將招致無窮的後患。

其三，主張拒和備戰。當時，除在京官員外，許多督撫都紛紛對和約表態，如山東巡撫李秉衡、湖北巡撫譚繼詢、河南巡撫劉樹棠、廣西

---

[358]　《清光緒朝中日交涉史料》(3007)，第 39 卷，第 11 頁，附件一。
[359]　《清光緒朝中日交涉史料》(3008)，第 39 卷，第 12 頁。
[360]　《清光緒朝中日交涉史料》(3119)，第 43 卷，第 28 頁。
[361]　《清光緒朝中日交涉史料》(3196)，第 44 卷，第 2 頁，附件一。
[362]　《清光緒朝中日交涉史料》(3144)，第 44 卷，第 2 頁。

第五章　馬關議和前後的國際關係

巡撫張聯桂、盛京將軍裕祿、陝西巡撫鹿傳霖、黑龍江將軍依克唐阿、陝西總督楊昌濬等，皆認為萬難曲從和議。前敵主要將領亦皆力主拒和備戰。幫辦軍務四川提督宋慶分析前此失利的原因，乃是「兵非久練」，因此提出當務之急是整頓軍旅，「科簡軍實，去腐留精，嘗膽臥薪，實事求是」，並表示「願與天下精兵，捨身報國」。[363] 廣東陸路提督唐仁廉認為有「十可戰」，因為日本「顯有外強中乾之態」，「反覆興師糜餉，勢將利在速戰，久必不支」。[364] 新疆提督董福祥亦稱：「倭人雖橫，然數月以來所得不過近海沿邊數城之地，且又不能盡守，是得失之形未甚遠也。臺灣地形險要，重慶、沙市、蘇州、杭州數處馬（碼）頭又皆為我腹地，即聽彼為，持之數歲，亦未必能盡得，今何所急遽而欲以是許之？」[365] 黑龍江將軍依克唐阿更指出和議之為害：「各國見我待日本小邦且復如是，不能不啟瓜分蠶食之心。俄人虎視眈眈，蓄志已久，必將近據吉林、黑龍江及蒙古、新疆諸地，而直隸、山東亦在意計之中；英人既有香港、緬甸、西藏，必將進據廣東，出騰越以圖雲南，出黎稚以圖四川；法人既得越南，前年已有事於暹羅，必將出鎮南關以窺廣西，則江、浙、福建沿江沿海之處兵禍騷然矣。」、「一與議和，不出一年，我遂不能自立矣。」他認為：「（我）但能力與之持，不過三年，彼必死亡殆盡。」他願意「自任一路，督率所部，效死疆場，以圖恢復。倘行不踐言，日久無效，誓不生還」。[366] 此足以代表敢戰之將官。和那些主張結外援以制日的官員相比，他們的見解不知要高明多少倍！

---

[363]　《清光緒朝中日交涉史料》（3002），第 39 卷，第 7 頁。
[364]　《清光緒朝中日交涉史料》（3114），第 43 卷，第 12～13 頁。
[365]　《清光緒朝中日交涉史料》（3130），第 43 卷，第 34 頁，附件一。
[366]　《清光緒朝中日交涉史料》（3117），第 43 卷，第 15 頁。

第四節　三國干涉與煙臺換約

尤為值得注意的是，主張拒和備戰的官員提出兩項重要的制敵之策：

一是實行持久抵抗的戰略。持久戰的觀念，早在戰爭初期就有人提出來，但那個時候還很不成熟。經過 10 個多月的戰爭實踐，許多官員對持久戰的認知更為深入。戶科掌印給事中洪良品說：「就今日形勢而論，我以主制客，以大御小。彼之兵合計不過三四萬，我之兵不下二十餘萬。我雖偶敗，兵可召募日添；彼苦久戰，精銳可漸銷盡。彼以數島之地，負債以供軍餉，勢難久支；我以十八省之地，尚能設法籌餉，不至睏乏。」又稱：「我軍之所以屢敗，倭奴之所以有挾，皆此一『和』字誤之。及今不和，亡羊補牢，猶為未晚。和則危亡可立而待，戰則人心激而愈奮，人才練而愈出，稍能持久，終可決勝。」[367] 廣西巡撫張聯桂建議朝廷「堅持定見，以不得不戰故布告天下」。並認為與敵相持為取勝之道，他說：「自倭肇釁已十閱月，勝敗原屬無常。即使持以三年，未必遼東、全臺悉為彼有，軍餉之費未必遽用二萬萬兩。我朝地大物博，數倍於倭，果與相持，彼必先困。若遂其欲，不唯倭寇貪得無厭，將恐他人尤而效之，從茲海疆盡撤藩籬，其害有不可勝言者。」[368] 江西道監察御史王鵬運也認為日本「外強中乾」，須「實按其虛實」。他指出：「察其國帑之貧乏，軍士之疲勞，其勢萬難持久。目前整我各軍，能取勝於彼，追逐天地，固屬上策；即令彼此相持，以逸待勞，久之復歸和局，彼必俯而就我，又何必既賠兵費又以膏腴肥沃之壤資敵耶？」[369] 劉坤一雖曾建議以土地賂俄、法、德三國，但也認為：「我只

---

[367] 《清光緒朝中日交涉史料》(3000)，第 39 卷，第 7 頁。
[368] 《清光緒朝中日交涉史料》(3056)，第 40 卷，第 28～29 頁。
[369] 《清光緒朝中日交涉史料》(3074)，第 41 卷，第 19～20 頁。

第五章　馬關議和前後的國際關係

須堅忍苦戰，否則高壘深溝，嚴為守禦，倭奴懸師遠鬥，何能久留？力盡勢窮，彼將自為轉圜之計。」他還提出了「『持久』二字實為現在制倭要著」[370]的警語。章京文瑞等甚至建議：「即廢和約，堅持戰局，以十年為期。」[371]

二是遷都以避敵之要挾，使將士放膽拚戰。陝西巡撫鹿傳霖奏稱：「我皇太后、皇上暫時西幸，以避敵鋒，猶遠勝於聽其要挾不能自存。而各軍帥知乘輿已發，無內顧之虞，更可專力放膽，縱橫決。彼倭逆深入重地，兵單餉竭，以我全力殲彼孤軍，未有不能殄除凶暴，復我疆宇者也。即或一時難以底定，則臥薪嘗膽，蓄養精銳，以圖恢復兵力，財力尚有可為，焉可束手受制，失人心，辱國體，至於此極耶？」[372]兵部主事方家澍等也向朝廷建議：「統籌全局，伸明大義，先以定策遷都詔示中外，召還全權大臣，不聽倭人要挾，命沿海各統兵大臣，人自為戰，不為遙制。」[373]

實行持久戰，是當時唯一切實又可行的作戰方針。遷都則是實行持久戰的必要條件。清廷對抗戰的前途已完全喪失信心，這兩項重要的制敵之策也就沒有被採納的可能了。

西元1895年4月，正值全國各省舉人會試北京，聞訊「莫不發憤，連日並遞，章滿察院」[374]，形成了轟轟烈烈的公車上書運動。起初，都察院對如此眾多的公車上書，不知如何處理，頗感為難，故遲遲不上。翰林院侍讀學士文廷式聞知此事，頗為不平，乃於4月27日「劾

---

[370]　《清光緒朝中日交涉史料》(3054)，第40卷，第28頁。
[371]　《清光緒朝中日交涉史料》(3072)，第41卷，第10頁，附件一。
[372]　《清光緒朝中日交涉史料》(3142)，第44卷，第2頁。
[373]　《清光緒朝中日交涉史料》(3081)，第41卷，第39頁，附件七。
[374]　《戊戌變法》(四)，第130頁。

第四節　三國干涉與煙臺換約

都察院壅上聽，抑公議」[375]，其奏曰：「此次各京官聯銜及各省舉人公呈，聞該堂官已允代奏，尚屬知緩急。唯聞事隔七、八日，尚未進達宸聰。事關大計，如此遲延，使我皇上不得洞悉民情，未知民意。應請旨嚴行切責，以儆惰頑。」28日，始將各省舉人條陳陸續進呈。據清宮檔案記載，先後上書者有：4月28日，臺灣舉人汪東源等3人一件；4月30日，奉天舉人春生等21人一件，湖南舉人文俊鐸等57人一件，湖南舉人譚紹裳等20人一件，湖南舉人任錫純等43人及江西舉人李瑞清一件，廣東舉人梁啟超等82人一件，江蘇舉人劉嘉斌等9人及山東、湖北、江西舉人5人一件，四川舉人林朝圻等11人一件；5月1日，福建、臺灣舉人沈翊清等88人一件，貴州舉人葛明遠等109人一件，廣東舉人陳景華等289人一件，江西舉人程維清等120人一件，廣西舉人鄒戴堯等115人一件；五月二日，湖北舉人黃贊樞等36人一件，江南舉人汪曾武等53人一件，河南舉人王等13人一件，浙江舉人錢汝雯等37人一件，順天舉人查雙綏等18人一件，山東舉人周彤桂等120人一件，四川舉人劉彝等26人一件，四川舉人王昌麟等20人一件；5月3日，陝西舉人孫炳麟等2人一件，陝西舉人裕瑞等2人一件，山西舉人常朣宇等61人一件，河南舉人步翔藻等5人一件，河南舉人王崇光一件，河南舉人張之銳等5人一件，四川舉人林朝圻等2人一件，四川舉人羅智傑等4人一件；5月5日，吉林舉人師善等6人一件，直隸舉人紀堪諧等45人一件，河南舉人趙若焱等21人一件，江西舉人羅濟美一件，陝西舉人張等81人一件；5月9日，江西舉人羅濟美一件，雲南舉人張成濂等62人一件。共計1,581人次，37件。

---

[375]　文廷式：〈聞塵偶記〉，《近代史資料》1981年第1期。

第五章　馬關議和前後的國際關係

還有些省分（如甘肅）舉人的條陳未來得及呈遞。對於公車之上書，都察院給予充分的認可，認為和京外臣工條陳一樣，皆為愛國之舉。左都御史裕德等奏稱：「與倭奴立約以來，中外囂然，臺民變起，道路驚惶，轉相告語。於是京外臣工以及草茅新進，相率至臣署請為代遞呈詞。此皆中國家深仁厚澤，淪浹寰區，凡有血氣之作，無不竭其耿耿愚忱，以奔告於君父。凡所謂割地，則自棄堂奧，償款則徒齎盜糧，弱中國勢，散我人心，奪我利權，蹙我生計……顧既知其害，亟宜思挽回之術，補救之方。」[376]

廣東舉人康有為聯合 18 省舉人於松筠庵會議，使公車上書運動達到了高潮。時人稱：「中日和約十一款，全權大臣既畫押，電至京師，舉國譁然，內之郎曹，外之疆吏，咸有爭論，而聲勢最盛、言論最激者，莫如公車上書一事。」先是，康有為得知簽訂《馬關條約》的消息後，即令其門人梁啟超「鼓動各省，並先鼓動粵中公車，上摺拒和議」。湖南省舉人和之，其他各省舉人又繼之，「察院門外車馬闐溢，冠衽雜沓，言論滂積者，殆無虛晷焉。」[377] 及聞和款將於 5 月 8 日在煙臺換約，乃以一晝二夜草 1.4 萬多言公呈，擬定於 5 月 4 日至都察院投遞。於是，決定在城南松筠庵集會，以 5 月 1 日、2 日、3 日為會議之期，署名者達 1,300 多人。公呈的主題是：「遷都練兵，變通新法，以塞和款而拒外夷，保疆土而延國命。」所不同於其他舉人和內外京官的是，康有為在公呈中提出了一個「近之為可戰可和而必不致割地棄民之策，遠之為可富可強而必無敵國外患之來」的「大計」，即「遷都定天下之本，練兵強天下之勢，變法成天下之治」。並開列了鈔法、

---

[376]　《清光緒朝中日交涉史料》（3073），第 41 卷，第 17～18 頁。
[377]　《戊戌變法》（四），第 130 頁。

第四節　三國干涉與煙臺換約

鐵路、機器輪舟、開礦、鑄銀、郵政六項「富國之法」。[378]前此公車上書者，或數人，或數十人，至多200多人，且多合一省之舉人上之。此次上書，合18省之舉人，多至一千數百人，不能不引起當道者的注意。康有為自稱：「先是，公車聯章，孫毓汶忌之。至此千餘人之大舉，尤為國朝所無。閩人編修黃式度者，孫之心腹也。⋯⋯初七日（5月1日）夕，寅夜遍投各會館，阻撓此舉，妄造非言恐嚇，諸士多有震動。至初八日（5月2日），則街上遍貼飛書，誣攻無所不至，諸孝廉遂多退縮，甚且有除名者。」時人亦記此事道：「是夕（5月2日晚），議者既散歸，則聞局已大定，不復可救，於是群議渙散。有謂仍當力爭，以圖萬一者；亦有謂成事不說，無為蛇足者。蓋各省坐視取回知單者又數百人，而初九日（5月3日）松筠（庵）之足音已跫然矣。議遂中寢。」由於孫毓汶的破壞，退出者不下700人，最後名單上僅有603人，不足原來人數的一半。公呈雖未遞交，然康有為先令梁啟超、麥孟華「並日繕寫，遍傳都下，士氣憤湧」[379]，仍然產生了巨大的影響。因此，松筠庵會議實為戊戌變法之先聲，資產階級維新派正式登上政治舞臺之第一幕也。

當此之時，朝野議論紛紜，而煙臺換約已迫。清廷以和約條款過於酷苛，一時難下批約的決心。4月25日，光緒帝命軍機大臣偕奕劻，請見慈禧，面陳和戰之事。慈禧仍以有病為由拒絕接見，命內監傳旨：「今日偶感冒，不能見，一切請皇帝旨辦理。」次日，又傳懿旨：「和戰重大，兩者皆有弊，不能斷，令樞臣妥商一策以聞。」[380]光緒帝無奈，

---

[378]　〈止中東和議奏疏〉，阿英編：《近代外禍史》，第195、197、207頁。
[379]　《戊戌變法》（四），第130頁。
[380]　《翁文恭公日記》，乙未四月初一日、四月初二日。

第五章　馬關議和前後的國際關係

只能諭樞臣發俄、德、法三國國電,詢問:「換約日期已迫,所商情形如何,能否展緩互換之期,務希在中曆四月初七日(5月1日)以前示覆,以免遲誤。」[381] 清廷並不是不想批准和約,而是感到和約條款太苛,因此把減讓條款的希望寄託在俄、德、法三國身上。而三國卻推託敷衍,不予置答。此時,帝黨跋前疐後,束手無策。光緒帝「以和約事徘徊不能決,天顏憔悴,書齋所論,大抵皆極為難」。翁同龢訪李鴻藻「痛談,相對唏噓。歸後未決,如在沸釜中」。慈禧雖「猶持前說,而指有所歸」,似已傾向於和。30日,光緒帝命樞臣往恭親王府會商,孫毓汶「以所擬宣示稿就正,邸(奕)以為是。宣示者,俟批准(和約)後告群臣之詞也。大意已偏在『和』字」。[382] 清廷沒有戰的決心,最後只有和之一途。

正當清廷和戰未決之際,科士達由天津來到北京。先是在4月21日,清廷命李鴻章商改割臺條款。22日,李鴻章覆電稱:「臺多亂民,倘官為唆聳,徒滋口舌,貽累國家。」又謂:「日甚倔強,非三國動兵,恐不肯聽。若互換愆期,則責言及兵爭又至。望慎籌之!」[383] 同一天,總理衙門亦收到科士達來函,極稱李鴻章馬關談判之功,「力辯強爭,筆舌並用,少一分之損即得一分之益」、「其議和艱難情形,乃人所共知,而傅相尚能訂此害則取輕之條約,實非中朝第二人所能肩茲重任」。[384] 此函頗言過其實,如謂「日本初心擬索兵費五萬萬」、「暫占盛京」等等,以此為李鴻章粉飾也。23日,李鴻章再電總理衙門:「為今之計,和約

---

[381] 《清光緒朝中日交涉史料》(3012),第39卷,第14頁。
[382] 《翁文恭公日記》,乙未四月初四日、四月初五日、四月初六日。
[383] 《李文忠公全集》電稿,第20卷,第41頁。
[384] 〈收美國科士達函〉,《朝鮮檔》(2712)。

第四節　三國干涉與煙臺換約

既不可悔……且不可以一口說兩樣話，徒為外人訾笑。」[385]他恐朝廷悔約，故又派科士達到北京遊說。30日，奕、翁同龢、李鴻藻、孫毓汶等，會見科士達於總理衙門。科士達「先敘李相之忠，次言國政」，最後轉入正題，「言約宜批准」。[386]

清廷處於極其為難之中，曾於4月25日旨令在榆關督軍的劉坤一和署直隸總督王文韶決和戰。諭曰：「連日廷臣章奏，皆以和約為必不可准，持論頗正，而於瀋陽、京師兩地重大所關，皆未計及。如果悔約，即將決戰；如戰不可恃，其患立見，更將不可收拾。劉坤一電奏有云：『戰而不勝，尚可設法撐持』；王文韶亦有聶士成等軍頗有把握，『必可一戰』之語。唯目前事機至迫，和戰兩事，利害攸關，即應立斷。著劉坤一、王文韶體察現在大局安危所繫，各路軍情戰事究竟是否可靠，各抒己見，據實直陳，不得以游移兩可之辭敷衍塞責。」[387]27日，軍機處再次電寄劉坤一、王文韶諭旨，催「將和戰大局所繫，戰事是否可靠，據實直陳，即迅速覆奏」[388]。清廷一面欲保京城、瀋陽兩地，一面佇談毀約決戰，陷入了自相矛盾之中。大局糜爛至此，劉坤一、王文韶何人，而能決此大計？王文韶覆電稱：戰事是否可靠，「不敢臆斷」。並指出：「現在事，可勝不可敗，勢成孤注，與未經議約以前情形又自不同。」[389]明顯地主張批准和約。劉坤一覆電雖主張持久之戰，但也如實奏明：「利鈍本難逆」。[390]5月1日，樞臣會議，傳閱劉坤一的電報，孫

---

[385]　《李文忠公全集》電稿，第20卷，第41～42頁。
[386]　《翁文恭公日記》，乙未四月初六日。
[387]　《清光緒朝中日交涉史料》(3004)，第39卷，第8頁。
[388]　《清光緒朝中日交涉史料》(3023)，第39卷，第23頁。
[389]　《清光緒朝中日交涉史料》(3058)，第40卷，第27頁。
[390]　《清光緒朝中日交涉史料》(3054)，第40卷，第28頁。

第五章　馬關議和前後的國際關係

毓汶等從劉電中「摘其一二活字,謂非真有把握也」[391]。當日,翁同龢又收到盛宣懷來函,內稱:「若即悔議,拒戰更無把握。恐兵犯京都,加增賠費更不止此。況中國十八省,地大物博。經此大創,藩籬已破。強鄰環伺,包藏禍心。初則夷我藩籬,今藩籬盡矣,將進而謀分裂我疆土矣。」[392] 翁同龢閱函後,在日記中寫道:「遊說耶?抑實情耶?」[393] 似懷疑為李鴻章所指使。因為事情巧得很,李鴻章致總理衙門的電報也在此時收到:「互換期近,深為焦急。鴻到津後,尚未與伊藤覆電,因原議只批准可電知也。若令鴻改約電議,適速其決裂興兵。為大局計,不敢孟浪。」[394]

　　光緒帝猶豫不決多日,而一場天災竟使他迅速作出了批准和約的決定。4月28日、29日兩天,一場大風雨襲擊直隸沿海一帶,「暴雨狂風晝夜不息,海水騰上,沿海村莊猝被淹沒」[395]。對於這次暴風雨帶來的災害,翁同龢在日記中寫道:「北洋報:初四、五天津大風雨,初五寅卯間海嘯,新河上下各營被衝,水深四五尺,淹斃甚多,計六十餘營被其害,北自秦王島,南至埕子口皆然。此時值此奇變,豈非天哉!」當時,人們總是把天象與人事聯想在一起,天象既然示警,人力也就難以抗爭。於是,光緒帝遂「幡然有批准之諭」。翁同龢還對俄、德、法三國抱有一線希望,問:「三國若有電來,何以處之?」光緒帝諭曰:「須加數語於批後,為將來地步。」[396] 翁同龢戰慄哽咽而

---

[391]　《翁文恭公日記》,乙未四月初七日。
[392]　《盛檔·甲午中日戰爭》(下),第438頁。
[393]　《翁文恭公日記》,乙未四月初七日。
[394]　《清光緒朝中日交涉史料》(3057),第40卷,第29頁。
[395]　《光緒朝東華錄》,光緒二十一年四月,第62頁。
[396]　《翁文恭公日記》,乙未四月初八日。

第四節　三國干涉與煙臺換約

退。在御書房裡，君臣二人相顧揮涕，景象至為悽慘。於是，在李鴻章奏中日會議和約已成折後硃批曰：「依議單圖併發該衙門知道。唯聞俄、德、法三國現與日本商改中日新約，將來如有與此約情形不同之處，仍須隨時修改。」[397]

為了等三國的消息，清廷於前一天經田貝轉電東京：「現聞俄、法、德三國與日本商改中日新約須候定議，十四日（5月8日）換約之期太促，擬展緩十數日，再行互換，望即轉商候覆。」當天夜裡，李鴻章接伊藤博文電，伊藤博文答以「互換一節，更不容緩」[398]拒絕了中國的提議。此電於5月3日轉至總理衙門。清廷恐誤事，決定在約本上用寶，並派二品頂戴候選道伍廷芳和三品銜升用道聯芳為欽差換約大臣，一起往煙臺換約。伍廷芳、聯芳二人當日由京啟行，於5月5日由天津乘公義輪出海，6日抵煙臺。

5月7日清晨，日本全權辦理大臣伊東巳代治乘橫濱丸至煙臺。當天下午6點，伍廷芳、聯芳與伊東巳代治會於順德飯店。伊東巳代治稱：「明日宜於正午十二點鐘互換。今日且將彼此敕書校對，以便明日互換條約。」又稱：「唯停戰之期扣至明日為止，敝國大支隊伍屯紮旅順候信，此間無電報可通，舟行須十點鐘之久。明日午間十二點鐘換約後，方可赴到旅順，通知各軍不必開仗，遲恐有誤。」伍廷芳告以：「刻奉大皇帝諭旨，飭令展緩互換。因俄、法、德三國出為調處此事，請待兩國准信，再定互換之期。」[399]遂議定次日再商。

5月8日中午，伊東巳代治忽派翻譯官楢原陳政通知伍廷芳：「本日

---

[397]　《清光緒朝中日交涉史料》(2984)，第38卷，第19頁。
[398]　《李文忠公全集》電稿，第20卷，第43頁。
[399]　〈伍廷芳聯芳稟〉，《朝鮮檔》(2751)，附件一。

第五章　馬關議和前後的國際關係

兩點鐘如不換約,渠等當即上船回國。」伍廷芳等立刻往順德飯店會晤伊東巳代治,問:「停戰之期在今晚十二點鐘為止,何以兩點鐘即為期滿?」伊東巳代治稱:「大軍駐紮旅順,此間無電報可通,舟行必須十點鐘之久,故須先往招呼,免致臨時開仗。」又稱:「至遲四點鐘,萬難久待。」伍廷芳責之曰:「停戰之期至今晚十二點鐘止。限外行止,應聽貴大臣自便,不能強留。限內可以隨時奉約互換。貴大臣專為換約而來,倘不待限滿而去,是貴大臣先自背約矣。」[400] 伊東巳代治語塞。此時,樞府諸臣還在為換約事而爭論不休。前一天,清廷曾經田貝轉電東京,再次要求展期換約,但無回音。當日,徐用儀持德國公使紳珂函來,促中國換約,謂:「不換約,則德國即不能幫。」駐俄公使許景澄來電達俄國外交部意:換約一節「中國換約大臣自能辦理」。於是,樞府諸臣轟然,皆謂:「各國均勸換,若不換則兵禍立至。」翁同龢力爭之,然無人響應。光緒帝亦催令伍廷芳「如期換約」[401]。8日下午4點,伍廷芳、聯芳接奉電旨,准令互換。晚上10點,雙方在順德飯店完成了互換條約手續,《馬關條約》正式生效。

完成換約後,伊東巳代治一行於9日凌晨2點乘輪回國,伍廷芳一行也於當日下午4點展輪返津。當天,田貝始將譚恩所轉日本政府應允展五天換約的電報交出。該電報稱:「茲因互換之期已至,設致兩國再行開仗,實於兩國均為有礙。是以日本政府定為暫展停戰之期五天,務必於所展期內互換,以速為要!」[402] 此電乃譚恩於5月2日發出,至9日始由田貝交出,至少壓了五六天之久。田貝壓下展期換

---

[400]　〈伍廷芳聯芳稟〉,《朝鮮檔》(2751),附件一。
[401]　《翁文恭公日記》,乙未四月十四日。
[402]　《中日戰爭》續編(五),第373頁。

第四節　三國干涉與煙臺換約

約電報，伊東巳代治蠻橫相逼，終於達到「如期換約」的目的。對此，翁同龢慨嘆曰：「伊藤電允展五日，旋作罷論。可見做得到，人自不做耳。可嘆也！」[403]

---

[403]　《翁文恭公日記》，乙未四月十六日。

第五章　馬關議和前後的國際關係

第五節　李經方交割臺灣

《馬關條約》簽訂後，割讓臺灣的消息傳到臺灣省，全臺紳民紛紛抗議；繼知割臺之事無可挽回，便議商自主保臺之策。

當臺民醞釀自主之際，日本也在作割占臺灣的準備。5月10日，即煙臺換約的第三天，日本政府便將海軍軍令部部長樺山資紀晉升為大將，任命他為臺灣總督兼軍務司令官，以便使割占臺灣迅速成為既成事實。

5月19日，日本政府經譚恩轉北京電：「（日本）已派水師提督樺山資紀為管理臺澎巡撫，俟兩禮拜即到任，望中國派員接待，並將所派人員銜名知照。」[404]同一天，李鴻章也將伊藤博文來電轉報總理衙門，內稱：「日本現已告明中國政府，今日皇已派水師提督子爵樺山資紀，作為臺澎等處巡撫，並作為日本特派大員，辦理按照馬關和約第五款末條之事。約兩禮拜該巡撫即可履任辦事，於行抵該處時，即預備辦理特派之事。日本政府盼望中國政府立即簡派大員一人或數人，與該巡撫會晤，並將該大員等銜名告日本政府。按照如此情況，本大臣告知貴大臣，日本政府謂如中國政府查照日本所請，速派大員一人或數人，與該巡撫樺山會晤，毫無延宕，則貴大臣所慮危險之事即可免矣。該巡撫到任之後，則境內保全平安之事，一唯日本政府是問。」[405]伊藤博文的電報，一面催促清政府早日交割臺灣，一面表示日本將用武力鎮壓臺民的反抗。

---

[404]　北京美國公使館：〈節錄中日議和往來轉電大略〉，《中東戰紀本末三編》第2卷，第35頁。
[405]　《李文忠公全集》電稿，第20卷，第57頁。

第五節　李經方交割臺灣

此時，李鴻章的最大心事，是怕臺灣不能順利交割，因與科士達密籌妥辦之法。科士達不僅在馬關議和期間幫助日本，而且在批准和交換約本問題上也為日本出了大力。伊東巳代治曾向伊藤博文和陸奧宗光報告：「科士達身為對方顧問，非常盡力。天津、煙臺之美國領事李德亦給予我方以極大方便。而且由於李德係科士達親戚之故，又得以間接利用科士達。」[406] 對於促成交割臺灣一事，科士達當然也非常積極。他勸李鴻章速下決心：「斷不可游移，藉故諉延，以致另起波瀾，生出意外危險。即請他國保護，即使辦到，亦必枝節橫生」。並稱：「皇上批准，中國官民豈可任聽梗阻，致失國體？如國家採納鄙言，應由政府囑田貝轉告日本，以中國派大員商交臺灣，日本應同時派大員商交遼東，方為公允。」李鴻章雖想早日將臺灣交給日本，但又知此事難辦，便建議責成唐景崧與日本所派之員商辦，以求脫身。清廷以「唐景崧是守臺之官，萬無交臺之理」不同意李鴻章的建議，仍諭其另行籌商，設法「補救」。[407] 李鴻章奉旨後，不得不於 5 月 15 日致電伊藤博文，請樺山資紀暫緩起程，以商酌辦法。其電云：「本大臣與貴大臣屢因兩國所有為難各事，和衷與本大臣商辦，況現在兩國重締和好，其交涉為難之處，應照友誼議結。檢視臺灣現在情形，兩國全權大臣急宜會議此事辦法。」日本急於割占臺灣，不願再開會議，以免曠日持久，夜長夢多，於是由伊藤博文於 17 日覆李鴻章一電：「查按照兩國批准馬關和約，臺灣所有主治地方之權業已交與日本。其了結地方變亂之法，勿庸兩國會議。是以中國政府只將治理臺灣之事並

---

[406]　伊藤博文：《機密日清戰爭》，《中日戰爭》續編（七）。
[407]　《李文忠公全集》電稿，第 20 卷，第 57～58 頁。

第五章　馬關議和前後的國際關係

公家產業，查照條約及前電，即派大員交與日本大員。」[408] 並謂樺山業已是日動身。日本要的僅是一個交割的形式，清政府無可再拖，只好照辦。

派何人赴臺交割呢？5月18日，刑科給事中謝雋杭奏曰：「近復風聞李鴻章有兩禮拜期內交割臺灣，並請簡派唐景崧之奏。臣意唐景崧之為人，以之效命疆場，則志當靡他；以之旋轉乾坤，則力恐弗勝。此事既係李鴻章、李經方始終主謀，豈有功屆垂成，返自逍遙事外之理？且該大臣等既能定割地請和之策，自必具用夷變夏之才。國家用人專一，若忽舍而他求，臣恐其迫脅朝廷且未有己也。相應請旨飭派李鴻章、李經方等迅速親赴臺灣，依限交割，以終遂其志。」[409] 清廷便於當日降旨，派李經方赴臺交割。19日，李鴻章致電總理衙門，謂李經方病勢沉重，請旨收回成命，另行簡派。並勸告清廷勿使交割延宕：「今德君臣既疑中國違約，不願幫助；俄亦未必與倭興戎。中朝必應妥慎籌辦，勿先違約，自貽後禍。」[410]

清廷既怕列強責中國違約，又實在無人可派，於20日再諭李經方赴臺交割：

> 李經方前隨同李鴻章赴倭，派為全權大臣，同訂條約，回津後尚未覆命，何以遽行回南？昨派令前往臺灣商辦事件，又復借病推諉，殊堪詫異！李鴻章身膺重任，當將此事妥籌結局，豈得置身事外，轉為李經方飾詞卸責？本日已有旨，將唐景崧開缺，令其來京陛見，並令文武各員陸續內渡。現在倭使將次到臺，仍著李經方迅速前往，毋得畏難辭

---

[408]　《李文忠公全集》電稿，第20卷，第59～60頁。
[409]　《清光緒朝中日交涉史料》(3214)，第44卷，第30頁。
[410]　《清光緒朝中日交涉史料》(3219)，第44卷，第32頁。

第五節　李經方交割臺灣

避。倘因遷延貽誤，唯李經方是問！李鴻章亦不能辭其咎也。」[411]

李鴻章奉此嚴旨，知不可違抗，當日囑李經方作赴臺之準備。

5月21日，侍郎長萃又請飭李鴻章親自赴臺交割，其奏曰：「今者和局既成，事多棘手，而最難者莫如交割臺灣一事。該大臣既已約之於先，諒必能善之於後，且能與倭人議事者，除該大臣外，亦別無一人。擬請皇上恭請懿旨，飭令該大臣親赴臺灣辦理交割事宜。」[412]此皆反語，欲羞辱李鴻章也。當日，李鴻章覆電總理衙門，謂當欽遵諭皆，飭李經方前往辦理。同時，李鴻章電伊藤博文：「至於臺灣主權業經交給日本，日本自應遣派水陸各軍，以資彈壓，保守平安。李經方擬即前往澎湖，與日本特派大員會晤，或由兩大員訂明於某地會晤。至於如何辦法，兩大員應有全權，自行會商。」22日，接伊藤博文覆電，覆電提出：「日本政府已派水陸各軍前赴臺灣，中國特派大員諒必帶有全權，日本特派大員業經奉有此等文憑。如中國特派大員先來長崎，帶同日本國家船隻前往，以資護衛，更為穩妥。」適在此時，陳季同有電寄來。該電稱：「臺民誓：寧抗旨，死不事仇也。同（陳季同自稱）意，此事如何挽回萬一最妥，不然亦須暫緩倭來，另籌完善辦法。至伯行（李經方）星使，則千萬勿來，或請收回成命，或請另派他人，切勿冒險！」[413]在李鴻章看來，臺灣形勢大變，交割大員至臺灣既難保全安全，由日軍保護前往，又易招物議，目為倭黨，皆不可行。想來想去，他想出了在臺灣海口會晤的辦法。23日，清廷批准李鴻章的這個建議。

---

[411]　《清光緒朝中日交涉史料》（3328），第44卷，第34頁。
[412]　《清光緒朝中日交涉史料》（3231），第44卷，第37頁。
[413]　《李文忠公全集》電稿，第20卷，第65、67頁。

第五章　馬關議和前後的國際關係

　　5月30日，李經方帶道員馬建忠，顧問科士達，西文翻譯伍光建，東文翻譯盧永銘、陶大均，文員張柳、黃正、洪冀昌、邵守先，武員呂文經、高軒春等10員，及護勇40名，乘德國商輪「公義」號由上海啟航。6月1日凌晨4點左右，「公義」號駛抵淡水海面，由日艦千代田護送至基隆以東的三貂角附近，於樺山資紀乘坐的日船橫濱丸右舷拋錨。下午4點半，李經方派東文翻譯陶大均往橫濱丸，向樺山資紀說明來意，然後商定會談時間而去。

　　6月2日上午10點，李經方帶東文翻譯盧永銘、陶大均赴橫濱丸，與樺山資紀會談。李經方提出：「臺灣島民激昂，不聽政府命令，加以妄為想像，對於割讓臺灣，係由鄙人父子談判結果，以致如此；厭惡鄙人全家已甚，故鄙人若在臺灣島上岸，立刻必遭殘殺。鄙人極冀不上岸，且兩國和平復舊，閣下與鄙人又係舊識，無論何事願披瀝胸襟相談。」樺山資紀答應予以「便利，努力完結」。雙方商定僅為「形式上之交接」。隨後，李經方便向樺山資紀獻策道：「友誼上應請閣下注意者：由三貂角至雞籠（基隆）之間，山壑重疊，道路險惡，且以竹簍圍繞之小部落星散於各處，貴軍通過時，由背後突然狙擊，亦未可料。此點，相信閣下宜注意軍隊。曩年法國兵之困難，亦係為此也。」樺山資紀答曰：「甚謝忠告。」於是，李經方起立而言曰：「此次臺灣島成為日本國之新領土，接近中國之領域，希望更進一步敦厚友誼，保持永遠和平，並賀閣下新領地總督任喜！」樺山資紀曰：「賀和平結局，並祝閣下及隨員健康！」10點45分，雙方相互舉杯祝賀而別。

　　至11點20分，樺山資紀帶武員及翻譯至「公義」號回訪。李經方復諛之曰：「鄙人對於閣下才能卓絕，膺總督之任，必能即速鎮定騷擾，

第五節　李經方交割臺灣

開導蠻民之效果,因深信而不疑也。尤望閣下平定臺灣後,告知島民,係依據媾和條約,日本領受臺灣者,應將對於李氏一家之怨恨消除。」並懇求曰:「希望閣下對於舊友鄙人與以相當助力保護。」樺山資紀答稱:「盡其可能,當效微勞。再閣下回國時,特地派護衛船保護閣下。幸勿懸慮!」[414]11點45分,樺山資紀回船。下午2點,日本政府所派臺灣民政局長水野遵至「公義」號,與李經方商定臺灣交割之據。當天深夜,將文據繕成中文和日文兩份,先由樺山資紀署名蓋章,然後交於李經方,就算交割完畢。3日凌晨12點半,交割手續剛完,「公義」號即拔錨解纜,駛離臺灣海面。

隨同李經方辦理交割的科士達寫道:「夜半,中國船拔錨,在日本海軍禮炮聲中,我們向上海開行。我們在臺灣海面恰恰36個小時,從來沒有一個官吏於勝利地完成任務後回家時比李經方更快樂的了。」[415]4日下午,李經方一行回到上海。就這樣,一紙文據便將臺灣交割與日本了。

李經方在會談中,卑躬屈節,哀哀乞憐,甚至不惜為日本侵略者出謀劃策,唆使樺山資紀以武力鎮壓臺灣人民的反抗,充分暴露其出賣民族利益的醜惡靈魂。而李鴻章在電奏中,卻把李經方說成是在會議時抗言聲辯,不辱使命,而且「病狀顛連」、「多人扶回」,[416]竟像是力疾從公的樣子。當時清廷唯求苟安眼前,只要把臺灣順利地讓給日本,就已經心滿意足了。因此降旨曰:「臺事既經李經方與樺山交接清楚,立有文據,此後臺灣變亂情形即與中國無涉,應由李鴻章電知伊藤,以為了

---

[414]　曾迺碩:〈乙未台澎交接文獻之校訂〉,《臺灣文獻》第8卷,第2期。
[415]　《中日戰爭》(七),第486頁。
[416]　《李文忠公全集》電稿,第21卷,第11頁。

第五章　馬關議和前後的國際關係

結此事之據。」[417]

　　清政府既完成臺灣的交割，以為可以求得暫時苟安。其實不然，《馬關條約》的簽訂，使中國社會半殖民地化的過程大幅加快。列強接踵而至，鯨吞蠶食，任意宰割，掀起瓜分中國的狂潮。中國開始面臨亡國滅種的危險。隨之而來的是，遠東的國際形勢更為複雜化，列強的角逐日趨激烈，預告著遠東地區進入一個更加動盪不安的時代。

---

[417]　《清光緒朝中日交涉史料》(3311)，第45卷，第19頁。

第五節　李經方交割臺灣

議和失控，晚清最後的外交潰敗：
密電外洩、情報滲透、外交妥協……強權環伺下如何捍衛國家尊嚴？戰後東亞格局的全面洗牌！

作　　　者：	戚其章
發　行　人：	黃振庭
出　版　者：	複刻文化事業有限公司
發　行　者：	崧燁文化事業有限公司
E - m a i l：	sonbookservice@gmail.com
粉　絲　頁：	https://www.facebook.com/sonbookss/
網　　　址：	https://sonbook.net/
地　　　址：	台北市中正區重慶南路一段 61 號 8 樓 8F., No.61, Sec. 1, Chongqing S. Rd., Zhongzheng Dist., Taipei City 100, Taiwan
電　　　話：	(02)2370-3310
傳　　　真：	(02)2388-1990
印　　　刷：	京峯數位服務有限公司
律師顧問：	廣華律師事務所 張珮琦律師

-版權聲明-

本書版權為濟南社所有授權複刻文化事業有限公司獨家發行繁體字版電子書及紙本書。若有其他相關權利及授權需求請與本公司聯繫。
未經書面許可，不得複製、發行。

定　　　價：320 元
發行日期：2025 年 08 月第一版
◎本書以 POD 印製

國家圖書館出版品預行編目資料

議和失控，晚清最後的外交潰敗：密電外洩、情報滲透、外交妥協……強權環伺下如何捍衛國家尊嚴？戰後東亞格局的全面洗牌！/ 戚其章 著．-- 第一版．-- 臺北市：複刻文化事業有限公司 , 2025.08
面；　公分
POD 版
ISBN 978-626-428-212-3(平裝)
1.CST: 中國外交 2.CST: 外交政策 3.CST: 外交史 4.CST: 清代
641.8　　　　　114010983

電子書購買

爽讀 APP　　　臉書